U0128010

江西通史

——先秦卷中冊

目錄

第一章 | 江西遠古人類活動遺存

第二章 | 新石器時代早期農業氏族部落文化

第三章 | 新石器時代晚期農業氏族聚落文化

第四章｜新石器時代末期文化與夏文化的南漸

第七章｜商代萬年文化

第八章｜西周時期中央王朝對贛境地區的影響和統治

第四章————

新石器時代末期文化
與夏文化的南漸

在距今四千年前後，中原地區的原始氏族制已完全解體而進入階級社會，自禹和其子啟開始，建立中國歷史上第一個奴隸制國家夏王朝。根據夏商周斷代工程的研究報告[1]，夏朝自啟開始至桀滅亡，共有十四世十七王，前後經歷四百餘年，即從西元前二〇七〇至西元前一六〇〇年。就在這四百餘年間，江西地區的土著居民基本仍處於原始氏族制後期即新石器時代末期階段，其社會發展階段可以說比黃河流域整整慢了一大步。隨著中原華夏族首領堯、舜特別是禹對江漢地區三苗族的不斷征討和最後征服，夏人也開始越過大江而進入贛境地區，並以其先進的文化給予當地土著文化影響，從而促進了贛境地區原始氏族制的解體，也開啟了華夏民族與古越民族的融合過程。

第一節 ▶ 新石器時代末期文化

繼江西新石器時代晚期拾年山文化、山背文化、築衛城文化、社山頭文化（一、二期）和鄭家坳文化之後的近五百年間，贛鄱地區興盛起來的是以築衛城、樊城堆中層、廣豐社山頭第三期和高安相城下陳[2]等遺存為代表的新石器時代末期文化，其年代為距今四一〇〇到三六〇〇年，而這一時期正是我國歷史上第

---

1 參見《夏商周斷代工程 1996-2000 年階段成果報告・簡本》，世界圖書出版公司，二〇〇〇年。
2 參見劉林《高安縣下陳遺址的調查》，《文物工作資料》一九七六年第六期。

一個奴隸制政權夏王朝統治時期，故有的學者稱江西這些新石器時代末期文化為夏時期文化遺存。[3]廣豐社山頭遺址第三層和發現的大型長方連間式房址，上面正被含有早商風格陶器的地層、灰坑和墓葬所直接疊壓，表明該層位和房基及其包含物，與「夏」這一特定歷史時期相吻合，這就從地層疊壓關係上找到了這些文化遺存相對年代的科學證據。

一　文化特徵

　　屬這一時期新發現和發掘的遺址尚有餘江縣龍岡、紅岡、板栗山[4]、新餘市珠珊[5]、樂平市高岸嶺[6]以及湖口縣下石鐘山[7]等，從這些遺存所發現的遺跡和遺物所反映出的生產力水準來看，明顯比新石器晚期要高。這時的文化特徵可歸納為：

　　第一，工具製作技術有所提高。主要的農業工具以有段石錛和扁平長方形體或上部略窄下部稍寬的梯形扁平錛為多，段部多居中間部位，或段線處磨一半圓形凹槽；石斧多為渾圓長條形或

3　參見徐長青等《江西夏文化遺存的發現與研究》，《南方文物》一九九四年第二期。

4　參見楊巨源《江西余江縣三處古文化遺址調查簡報》，《東南文化》一九八九年第一期。

5　參見彭振聲等《江西新余發現夏時期文化遺物》，《南方文物》一九九二年第三期。

6　參見余慶民《樂平縣試掘高岸嶺遺址》，《江西歷史文物》一九八一年第一期。

7　參見劉詩中等《湖口縣下石鐘山遺址調查記》，《江西歷史文物》一九八五年第一期。

梯形。石鏃磨製更精，體身普遍延長，形制多樣，但以三棱形為多。其他器形尚有刀、環、鑽、錐、磨棒和戈等（圖1），它們從取材、成型到磨製、拋光，均達到較高的技術成就。築衛城遺址中層出土石鑽的磨光和陰刻弦紋和半月形雙孔石刀的對鑽孔，社山頭遺址第三期出土直徑達二十釐米石球和石環的磨圓、拋光

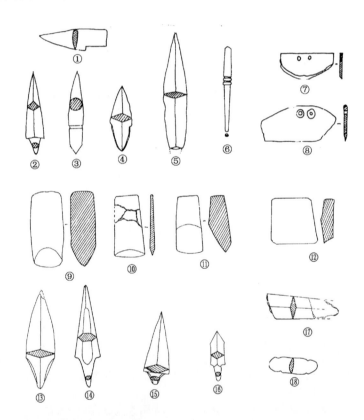

圖1　新石器時代末期石器
①石刀　②③④石鏃　⑤石矛　⑥石鑽
⑦⑧半月形石刀（以上為築衛城中層出土）
⑨石斧　⑩石鏟　⑪⑫有段石錛　⑬⑭⑮⑯石鏃
⑰石戈　⑱石網墜（以上力社山頭出土）

等，無論從形制到琢磨工藝，都表明此時的手工業在新石器晚時代期基礎上有進一步的提高。就地取材、因地而製作石器，也是一個重要特色。如社山頭遺址的石網墜，基本是利用江河中的扁平長橢圓形、扁平長條形的自然小礫石，兩端打成上下兩個缺口即成。

　　第二，陶器普遍有夾砂和泥質灰陶和紅陶、黃褐色陶，但灰褐陶和磨光黑皮陶明顯增多，還新出現少量的硬陶、白陶和釉陶，高安相城下陳遺址出土白陶竟占到百分之三。據築衛城遺址中層（第三層）統計表明，夾砂、泥質灰褐陶約占百分之三十七，黑皮磨光陶等約占百分之四十，而夾砂、泥質紅陶只約占百分之二十一，還見少量白陶、硬陶和釉陶。廣豐社山頭第三期的夾砂、泥質灰陶占到百分之四十八點八，紅陶約占百分之三十，硬陶約占百分之十八。余江縣龍岡遺址以砂質和泥質灰陶為主，次為黑皮磨光陶和紅陶，也有少量灰色硬陶。陶系上的這些變化，無疑反映出新石器時代末期的製陶技術從淘洗、揉泥、拉坯、修整直到火候掌握上都比新石器時代晚期有進一步的提高。

　　第三，這時的日用陶器仍以鼎、豆、壺、罐、盆、缽、杯為多，尚有鬹、盉、斝等（圖2），但其形制已有明顯變化，且變化脈絡清楚。鼎類器除盤形鼎外，更多使用寬沿、淺腹、側扁式足或扁平式足之釜形鼎；杯形豆由薄胎、深盤向厚胎、淺盤演變，喇叭狀矮圈足和粗圈足豆較多，折盤豆和竹節形把豆也有出現，但少見有棱座豆及豆把上繁縟的鏤孔裝飾；鬹類器由粗肥大袋足向矮錐狀袋足、細高頸演變，整個器形顯得瘦高。

　　第四，陶器中的早期幾何印紋陶增多，其紋樣主要有方格

紋、編織紋、曲折紋、S形紋、漩渦紋、圓圈紋、重圈帶點紋、
圈點紋、席紋、梯格紋及成型的雲雷紋等（圖3）。其作風是印

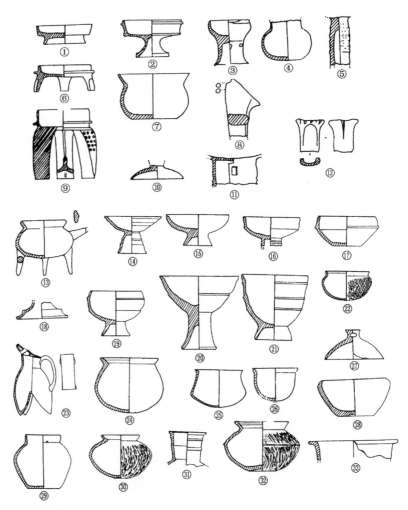

圖2　新石器時代末期部分陶器
①盤　②③豆　④罐　⑤豆圈足　⑥⑨盤形鼎　⑦釜
⑧⑫鼎足　⑩器蓋　⑪鏤孔豆圈足　⑬帶把手鼎　⑭⑮⑯⑱⑲⑳㉑豆
⑰缸　㉒罐　㉓鬹　㉔㉕㉖釜　㉗缸　㉙㉚㉜罐　㉛壺　㉝盆

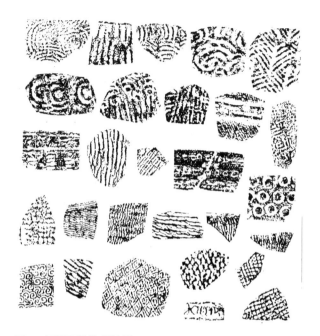

圖 3　早期印紋陶器紋樣

痕深且粗獷，也較錯亂，部分有重疊現象。單位組成由大型向中型演變，如漩渦紋由大塊痕淺向中型痕深演化，曲折紋也由淺痕雜亂向痕深、規整發展。

第五，諸遺存中，作為禮器的玉器不僅數量而且種類出土更多，如高安相城下陳遺址僅開 1×1 米探溝，就出土有玉璜、瑪瑙璜、瑪瑙玦等十餘件。這應是受到東方良渚文化影響所致。

二　經濟生活

這一時期，在製陶、紡織和建築等方面技術也都有相應的提高。以建築形制和技術為例，在廣豐社山頭遺址第三期文化中就

發現有大型的長方連間式房居[8]，它是江西繼修水山背跑馬嶺遺址大房址發現以來的最大的房基遺跡。東西向三個連間，各間均長四點三米、寬三點七米（圖4）。至今保存下來的只有房基外牆的北牆和內隔牆，外牆似挖有淺槽基。居住面為白灰面，厚約三釐米至五釐米。外牆寬約三十五釐米至四十釐米，牆體內寓含有等距離同樣大小的柱洞，外牆外見有用紅燒土護坡；隔牆直接建於居住面上，寬約二十釐米到四十釐米、殘高二十釐米到三十釐米，牆體內亦寓含有間距不等、直徑大小不一的柱洞；各分間內有三、四組排列整齊的圓形柱洞，且與外牆牆體內之柱洞相對應。第一間建有一火塘，第二間建有一窖穴（H1）。房址內出土有陶釜、罐、缽、豆、盉及石錛、石矛等。其建造方法：先鋪墊、夯打白灰面地面，挖出淺基槽和槽內、室內柱洞，柱洞比木柱徑要大；然後豎立一根又一根木柱，並用紅燒土及砂石等夯實加固柱基，使之不易傾倒，其間將木板、竹木棍等用藤條或草繩纏結；後又用木骨泥糊牆的辦法築起外牆和隔牆，並用火烘烤；最後，覆蓋屋頂，即用木椽將室內頂梁立柱與周壁外牆柱架聯起來，用藤繩紮捆緊，椽與椽之間又用木板或竹、木棍橫的架接起來，將屋面作成南北兩面坡式，然後鋪上厚厚的草拌土或稻草並壓緊。

新石器時代末期階段，贛境地區原始居民仍以稻作農業為

8　江西省文物考古研究所等《江西廣豐社山頭遺址發掘》，《東南文化》一九九三年第四期。

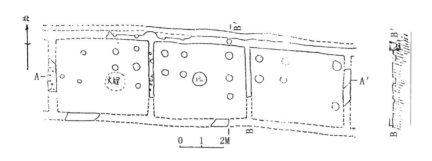

圖4　東西向三連間居址（廣豐社山頭）

主，只是發展較為遲緩。據古氣象專家研究[9]，在距今四五〇〇
年特別是四〇〇〇年前後，長江中下游地區的古地理環境和古氣
候又一次發生變化，即降水量明顯比前期減少，氣候變得乾涼，
年平均溫度比現在低攝氏二度。由於溫度降低和降水量減少，使
流域植被覆蓋度降低，引起長江流域產沙量的增加，水流輸沙能
力小於流域產沙量，從而引起河流沉積，使長江中下游沖積平原
與長江三角洲平原面積擴大。隨著長江及其支流水位的下降，汛
期有大部分平原不會被水淹沒，從而在贛江流域的諸如贛撫平
原、吉泰平原等幾大平原得以逐步形成，原始先民才有可能遷移
到平原定居，因而才出現了很多平原地區的遺址。這一時期，雖
然由於年平均溫度和降水量比今天降低與減少，給水稻的種植帶

9　參見林承坤《長江、錢壙江中下游地區新石器時代古地理與稻作的起
　　源和分佈》，《農業考古》一九八七年第一期。

來一定影響，但從一些遺址的紅燒土中也都發現有稻杆和穀殼標本來看，贛江流域的稻作農業仍然持續發展，只是稻作遺存的規模和數量有可能比前期減少。

我們必須注意的是，贛境地區的新石器時代末期文化，不論是築衛城、樊城堆中層抑或社山頭三期文化等都是淵源於自身下層文化基礎之上，是從本土的新石器時代晚期文化發展而來。就以日常生活用器陶器來說，常見的鼎、豆、壺、鬶、釜、罐、盤、盂、杯、器蓋、紡輪等等，雖然由於中原夏文化的南傳、影響和滲透，給予土著文化打上某些中原文化烙印，但其主要器類和基本器形仍然是贛境地區新石器時代晚期陶器特徵的延續和發展，也就是說，它還是以自身特色為主要內涵的原始社會末期文化。正如鄒衡所指出：「在夏代，江南廣大地區似乎還處於新石器時代的末期。」[10]

在新石器時代末期，隨著社會生產力水準的提高，社會經濟的緩慢發展，贛境地區原始居民的聚落形態也發生相應變化，即逐漸從母系氏族制向父系氏族制急劇轉變，最後進入父系氏族社會。導致母權制向父權制轉變的關鍵是社會生產力的發展，因為生產力的發展，促使了男女在生產中所處地位的變化，男子逐漸取代女子成為生產的主要承擔者，成為家庭的主宰，於是出現了父系家長制家庭。與此同時，婚姻制度逐漸從「對偶婚」制向

10　參見鄒衡《江南地區諸印紋陶遺址與與夏商周文化的關係》，《文物集刊》第三輯。

「一夫一妻」制過渡，妻隨夫居，世系按父方計算。當然，所有這一切，都是在充滿激烈矛盾與衝突的長期鬥爭過程中形成的。

第二節 ▶ 夏文化的南漸

　　中原華夏民族對南方苗蠻集團古代文化的影響，可以追溯到夏王朝建立以前，這就是歷史傳說中堯、舜、禹伐三苗的曠日持久的征戰。自建立起奴隸制國家夏王朝之後，隨著社會經濟的發展，國力的增強，先進的夏文化對南方廣大地域土著文化的滲透仍持續不斷。

一　堯、舜、禹對三苗的征服

　　華夏族對南蠻集團中三苗的征服是逐步的，也是艱鉅的。堯時，首當其衝的是今河南西南部的三苗部落。《呂氏春秋・召類》載：「堯戰丹水之浦，以服南蠻。」《六韜逸文》：「其與有苗戰丹水之浦。」[11]是什麼導火線引發這場戰爭？郭璞注《山海經・海外南經》：「昔堯以天下讓舜，三苗之君非之，帝殺之。」當然，問題並非那樣簡單，當有其深刻的社會政治原因。那麼「丹水之浦」的丹水在哪里？學術界較一致認為應在今河南淅川縣西南。楊守敬《水經注疏・丹水》按：「今丹水自商州東南流，經

11　參見清孫同元輯《六韜逸文》，見孫德騏《六韜淺說》，解放軍出版社，一九八七年。

商南縣曰丹江，又經淅川廳，又西南經內鄉縣，至均州東入漢。」顯然，即在今南陽盆地的淅川縣境一帶。這次戰爭以三苗大敗而結束，不僅三苗之君（應是三苗部落聯盟的酋長）和與其串通叛亂的堯的兒子丹朱[12]被殺，而且給三苗部落以沉重打擊，特別是加強了對三苗部落的控馭。《尚書‧呂刑》言：「堯帝得知三苗罔有馨香德，刑發聞惟腥。皇帝哀矜庶戮之不辜，報虐以威，遏絕苗民，無世在下。」孔安國注說：「皇帝，帝堯也。哀矜眾被戮者之不辜，乃報為虐者以威誅，遏絕苗民，使無世位在下國也。」堯對三苗雖名義上保留其國，但不准其後嗣擔任首領，而選擇效忠華夏族者為君，故實際上變成了華夏族的附庸，客觀上加快了華夏族與三苗族的融合。

舜繼堯即位後，三苗開始還較馴服，但好景不長，隨後又乘機作亂。此時的相互爭戰之地已南移到江漢地區及至長江沿岸。但這時舜對三苗的征服，似乎更換了手法，採用軟硬相兼的策略，即軍事征伐和德教感化相濟。《韓非子‧五蠹》載：「當舜之時，有苗不服，禹將伐之。舜曰：『不可，止德不厚而進武，非通也。』乃修教三年，執干戚舞，有苗乃服。」（《韓詩外傳》等史籍也有相類似記載）對三苗部落聯盟的首領，舜帝也採取區別對待即「善留惡去」的辦法。《尚書‧舜典》：「三載考績，三

---

12 《太平御覽》卷六三引《尚書逸篇》言：「堯子不肖，舜使居丹淵為諸侯，故號曰丹朱」又古本《竹書紀年》：「堯讓天下于虞，使子朱處於丹淵為諸侯」。

考，黜陟幽明，庶績咸熙。分北三苗。」《正義》曰：「北，背也。善留惡去，使分背也。」孔穎達更作了詳細的疏證：「北者言相背，必善惡不同，故知三苗幽闇，宜黜其君臣，乃有善否，分背流之，不令相從。俱徙之則善從惡，俱不徙則惡從善，言善惡不使相從，言舜之黜之，善惡明也。」這種「善留惡去」的區別對待方法，對分化瓦解三苗族確實起到了作用。對那些頑固堅持與華夏族為敵的三苗族人，舜採取斷然放逐實際就是強逼外遷的措施，即如《史記・五帝本紀》所說，「流共工於幽陵」，以變北狄；「放驩兜於崇山」，以變南蠻；「遷三苗於三危」，以變西戎。而廣大三苗部落的下層氏族成員，一部分善從者繼續留在原地被華夏族融合，即所謂「舜卻苗民，更易其俗」（《呂氏春秋・召類》）；一部分可能隨其首領驩兜一道被迫南遷至交、廣[13]之地去；一部分是被迫南逃甚至渡江與古越族相融合，其中有的就逃至贛境各地，與贛地的新石器時代末期原始氏族部落相融。

華夏族對三苗的征服高潮是在大禹時，因而自然也表現得最殘酷，最激烈。《墨子・非攻下》載：「昔者三苗大亂，天命殛之，日妖宵出，雨血三朝，龍生於廟，犬哭乎市，夏冰，地坼及泉，五穀變化，民乃大振。高陽乃命玄宮，禹親把天之瑞令，以征有苗，四電誘祗，有神人面鳥身，若瑾以侍，搤矢有苗之祥，苗師大亂，後乃遂幾。禹既已克有三苗，焉磨為山川，別物上

---

13 「放驩兜於崇山」，崇山，按《通志》載：「乃在交廣之間」；《太平寰宇記》：「崇山讙州也。」瓘州即今之越南演州及安城縣一帶。

下，卿制大極，而神民不違，天下乃靜。」「後乃遂幾」，似乎經過此次大戰，三苗就此全部消滅了，即所謂「人夷其宗廟，火焚其彝器，子孫為隸，下夷為民」（《國語·周語下》）此次戰爭之慘烈可見一斑。禹大敗三苗後，「焉磨為山川，別物上下，卿制大極。」據孫詒讓在《墨子閒話》中考證：磨與歷通，「歷與離同義」「磨為山川，亦謂離為山川也。離與歷皆分別之義。」「卿制大極」疑為「鄉制四極」，鄉即饗之省，「四極，指四方極遠之國」。也就是說，禹征服三苗後，將原來三苗的屬地（土地山川）及其遺民全置於夏王朝的統治之下，一些三苗統治者的子弟被貶為奴隸。恩格斯曾經指出，在奴隸制開始出現時，「公社本身和公社所屬的集團還不能提供多餘的供自由支配的勞動力，戰爭卻提供了這種勞動力。而戰爭和相鄰的幾個公社集團同時存在的現象一樣，都是由來已久的」[14]。而對一般平民則進一步強制「更易其俗」，接受華夏族先進文化，最後都逐漸與華夏族融合而成為華夏的一部分。當然，還有部分三苗被迫跨過大江繼續南逃，隨後緊追的也有部分華夏族人進入湖南洞庭以南和贛省境內，他們先後來到古越人中間，開始了華夏與南蠻民族的融合歷程。

從大禹所進行的這場「以征有苗」戰爭形勢看，其主要交兵戰場當在漢水下游的江漢地區即在大江北岸。討伐結果，雖有所謂「卿制大極」擴及四方極遠之國，但想來實際被華夏擴張和佔

14　恩格斯：《反杜林論》，人民出版社一九七〇年版，第177頁。

領的當主要是漢水流域的三苗之地，即今湖北的大部分地區。考古資料也證實，在湖北境內就發現了一批夏王朝時期即二里頭文化遺存，如宜都石板巷子、宜昌白廟子、鄖縣大寺、鐘祥六合、天門肖家屋、隨州西花園、江陵荊南寺等[15]，尤為引人注意的是，在武漢市北部的黃陂盤龍城城垣基部和王家咀下層也發現了二里頭文化[16]。這些都應是夏王朝的國力範圍實已達江漢地區的考古學物證。

二　歷史傳說

必須指出的，儘管夏王朝國力範圍尚未到達江南，但不排除有夏人一支或多支越過大江進入南方，特別是華夏民族南來後，其先進文化的影響力，無疑將遠播及遼闊的南方及東南地區。這從古文獻載及的一些歷史傳說中，應多少可看出一些史影。如舜晚年南巡狩「死於蒼梧之野，葬於江南九嶷」之說（《禮記·檀弓上》、《史記·五帝本紀》、《山海經·海內經》等均有載及）。這裡所言九嶷山或蒼梧山，古今學者多認定在今湖南零陵、寧遠縣境。近年，湖南考古學者在寧遠縣境九嶷山進行長達三年的考古發掘，就發現有唐宋及更早期的舜帝陵廟遺址，與古文獻記載相

15　參見楊寶成主編：《湖北考古發現與研究》，武漢大學出版社，一九九五年。

16　參見俞偉超：《先秦兩漢考古學論集》，文物出版社，一九八五年；陳賢一：《江漢地區的商文化》，《中國考古學會第二次年會論文集》，文物出版社，一九八〇年。

吻合，並經國家文物局專家組考察論證，認為宋代舜帝陵廟是目前所知經考古發掘證實的時代最早的舜帝陵廟。[17]此外，在南方各地還留下有不少虞舜的傳說，如湘潭韶山之得名，是因舜在此吹奏九韶之故；廣東曲江韶石，是相傳舜南巡至此奏韶樂而得名。又如禹東巡狩和葬於會稽的傳說（《史記・越王勾踐世家》、《越絕書》、《吳越春秋》等均有載）。這些古代傳說，不論是舜死九嶷還是禹葬會稽等等，我們認為既不可全信，也不可不信。不能全信，是因為唐虞夏時，中原華夏族的國力範圍尚未達此，至今在湖南、浙江、廣東等地均未發現有二里頭文化考古遺存就是明證；但是，我們又不能不信，是因為伴隨著堯、舜、禹對三苗的持久戰爭，有一些華夏族人乘勢向南向東遷徙那是完全可能的。

同樣，在贛境地區，有關唐、虞、夏特別是大禹的傳說也較多。《史記・河渠書》載：「余南登廬山，觀禹疏九江。」在廬山最高峰大漢陽峰上有禹王崖，傳說就因大禹登臨而得名。至今在大漢陽峰峰頂的漢王臺上，立有一高四尺餘的石柱，清光緒丁亥年（1887）四月南康知府王以慜（湖南常德人）題字其上。柱北面曰：「廬山第一主峰」；南面曰：「大漢陽峰」；東面刻聯曰[18]：

峰從何處飛來，歷歷漢陽，正是斷魂迷楚雨。
我欲乘風歸去，茫茫禹跡，可能留命待桑田。

17　見《中國文物報》二〇〇四年八月十八日。
18　見徐新傑選《廬山金石考》，《星子文史資料》第一集。一九八五年。

在廬山紫霄峰（即上霄峰，在大漢陽峰南）上，有大禹石室，相傳大禹治水時，嘗登此刻字於石室中。《水經・廬山水》就曾載及：「廬山有大禹刻石，『昔禹治洪水至此，刻石記功。』」慧遠：「《廬山記略》云廬山『在尋陽南。……有匡俗先生者，出殷周之際，隱潛居其下。』」《豫章舊志》載：「匡俗字君平，夏禹之苗裔也。」清代星子人曹龍樹曾有詩云：

紫霄峰頭有石室，烏跡蟲書神禹筆。
高傍日月鎖雲煙，漢武秦皇曾駐蹕。
大禹茫茫疏百川，胡為到此萬仞巔。
得毋當日洪水果滔天，
毋怪至今廬山頂上迸多泉。

曹氏還注釋云：「好事者縋入之，摹得百餘字，字奇古不可辨，只『洪荒漾予乃 』（意思是：在混沌的遠古時代，我靠登山的工具登上了廬山。）六字可識。」[19] 此外，相傳大禹還蹬踏過今鄱陽湖入長江水道中的大孤山（鞋山），並勒石紀功，據說早年曾有人見過這些勒石，但現早已不存了[20]。可以看出，禹登廬山和大孤山的傳說，都與治水有關，而這又是大禹的另一項傑出

19 參見馮兆平等編《廬山歷代詩選》，江西人民出版社，一九八四年版；周鑾書：《廬山史話》，江西人民出版社，二〇〇五年版。
20 參見毛德琦《廬山志》第一卷、十卷。

功績。《尚書・皋陶謨》載禹對舜說：「洪水滔天，浩浩懷山襄陵，下民昏墊。予乘四載，隨山刊木，暨益奏庶鮮食。予決九川距四海，浚畎澮距川。暨稷播，奏庶艱食鮮食。懋遷有無，化居。烝民乃粒，萬邦作乂。」禹為了整治水土、疏通江河這一「萬世永賴」的事業，他確曾跑遍了大江南北的名山大川，而廬山、九江與被夏王朝占領的江漢地區僅一江之隔，因而大禹曾涉足江北的彭蠡，進而渡江南登廬山應該是可信的。歷史學家司馬遷以他極其豐富的學識和閱歷相信大禹的足跡到了九江、廬山應是有道理的。

三　考古學物證

從考古學的物證看，贛境地區相當於夏王朝時期的新石器末期諸遺存，不論是社山頭第三期還是築衛城中層等都是植根於下層基礎之上，是從本土的新石器時代文化發展而來，以自身土著文化內涵為主體，至今尚未發現如湖北黃陂盤龍城發現的那種典型的河南偃師二里頭文化，即真正的夏文化，這就表明，此時夏王朝的國力範圍尚未擴及至贛。但是，引人特別注意的是，在這些新石器時代末期遺址中，都出土有少量的相同或相似於偃師二里頭文化的器物（圖 5），如廣豐社山頭遺址的卷沿深腹盆、敞口深腹外飾凸棱平底盆，就與二里頭二期文化的同類器相近[21]，

21　參見中國科學院考古研究所洛陽發掘隊：《河南偃師二里頭遺址發掘簡報》，《考古》一九六五年第五期

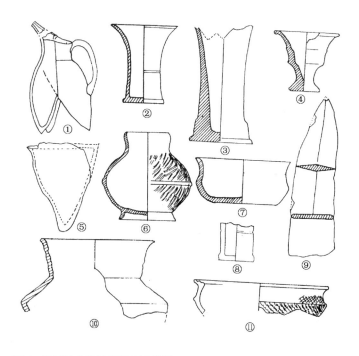

圖5　類同於中原的夏代叉化遺物
①陶盉　②陶觚（新餘珠珊）　③陶觚（鷹潭龍崗H1）
④陶觚（鷹潭板栗山H1）　⑤白陶斝足（高安下陳）
⑥陶罐（鉛山）　⑦平底盆　⑧陶觚（樟樹樊城堆）
⑨石戈（新余珠珊）　⑩吩陶罐　⑪陶盆

袋足束頸沖天流盉與洛陽矬李遺址出土的夏代同類器相一致[22]；
下陳遺址的白陶斝、新余珠珊的平底觚、直內石戈等又都與偃師
二里頭文化出土的相同，這些考古實物例證，有力地說明夏文化
的影響和滲透已達贛江流域，聯繫到大禹為疏導九江南登廬山的

22　參見洛陽博物館《洛陽矬李遺址試掘簡報》，《考古》1978年第1期。

史影，有些華夏族人渡過大江南遷至贛江大地是無可置疑的。他們來到贛地後，與原有的土著先越氏族和部落交錯居住，相互交往，進而相互通婚，日漸融合，並帶來了華夏民族的先進文化，本來就已經進入到原始父系氏族制最後階段的贛地先越居民，由於有了夏人的南遷，猶如有了古代文明產生的催化劑，更加速了生產、交換和私有制的發展，並進而促使原始氏族制的最後解體，進入階級社會。

夏文化的南漸和華夏族人的南遷是與堯、舜、禹對三苗的征服同步的。當「堯與有苗戰於丹水之浦」，最後以三苗大敗結束，隨之華夏族占據了豫西南地，從而打通了從中原進入湖北隨棗走廊的通道，而通過這條通道，「直接南下則到江漢平原西部，洞庭湖區，東轉通過隨棗走廊，則到漢東乃至鄱陽湖區。仰韶文化的南漸、屈家嶺文化及其因素的北張，中原系統龍山時期文化、二里頭文化的向南推進和商周文化的大舉南下，都是通過這一地區。」[23]

到虞舜特別是禹對三苗的空前征戰後，夏王朝完全控馭了江漢廣大地區，這更為夏文化的南漸東傳開闢了廣闊的地域空間。自此之後，不僅夏文化的南漸，就是以後商周文化進入贛境地區也主要通過此條通道。

23　參見何介鈞《石家河文化淺析》，《紀念城子崖遺址發掘周年國際學術討論會文集》，齊魯書社，一九九三年。

第五章 ———

商代吳城方國
文明（上）

西元前一六〇〇年，成湯滅夏建立中國歷史上第二個奴隸制國家商王朝，中經前一三〇〇年商王盤庚從奄（今山東曲阜縣境）遷都到殷（今河南安陽市小屯村），再到西元前一〇四六年周武王伐紂商代滅亡，前後歷經五百五十三年左右，十七代三十一王[1]。五〇〇多年歷史，大體可分為三個時期，即早期為成湯建國至仲丁遷隞；中期為仲丁遷隞至盤庚遷都前；晚期為盤庚遷殷至紂王自焚國滅。有商一代，特別是商代晚期至西周早期是中國青銅時代最發達時期。商王為了拓疆略土，不斷對四方的諸侯、方國和民族進行征伐，「南土」的的銅礦資源更為商王統治者所垂涎欲滴。

據現有考古資料，商文化南漸至贛境地區最遲在商代中期，即前十四世紀五十年代前後的商王仲丁時代，贛北九江龍王嶺下層（第三層）和瑞昌銅嶺礦冶遺址第十一號豎井以及德安石灰山遺址第一期遺存、樟樹吳城遺址第一期文化早段中出土一些類似鄭州二里岡下層和上層文化的因素就是有力明證。當商文化南漸到贛境時，雖未完全吞噬了本土文化，但卻給本土文化打上深深烙印，特別是帶來了先進的陶範鑄銅技術，大大推進了當地尚較落後的僅知用石範鑄造青銅工具和兵器的青銅鑄造技術的發展。在文化面貌上，出現了一批經過改造變體了的商器、先周器（包括陶器和銅器）和本土文化器並存的局面，地處南國贛江中游地

1　今據《史記・殷本紀》為三十一王。另據甲骨卜辭的《周祭譜》和古本《竹書紀年》則是二十九王。

區的吳城方國文明開始形成。晚商時期，隨著商文化影響力的日逐減弱，本土文化則愈益顯示出其突出地位，吳城方國文明也進入其興盛時期，其地域文化色彩更為濃厚，最集中體現就是樟樹吳城遺址第二、三期文化和新幹大洋洲商代大墓中大批青銅器群的空前發現。創造吳城方國文明的居民成份，既有夏、商時期相繼南下的華夏族人，也有原居於江漢腹地的三苗後裔，但主體民族還應該是固有土地上的先越民族，而且應是古越民族的支系揚越人。

第一節 ▶ 吳城文化的分期與年代

　　江西吳城商代青銅文化遺址是目前南方地區已發現的眾多商周文化遺址中規模最大、出土物最為豐富的遺存。它的發現不僅是江西也是整個中國南方地區先秦古史研究的重大突破。早在三十多年前當吳城遺址發現之初，蘇秉琦在致饒惠元的信中，就以他獨具的眼力高瞻遠矚地指出：吳城商代遺址的發現「為江西乃至江南地區的考古透露一個新線索，非常重要的線索。」「它在江西是首次發現，也是江南地區的首次發現。它的重要性是不言而喻的，不僅具有重要的學術意義，也具有重要的現實意義——這是打開嶺南地區古文化與中原關係和該地區從原始社會到階級社會過渡階段的一把鑰匙，更可喜的是這個遺址很有可能是一個不包括晚期遺存，而只有早期的，連續相當長時期的，屬於這一

獨特文化類型的一個典型遺址。」[2]三十多年來吳城遺址和江西
乃至整個南方地區的考古發掘與研究成果，完全證實了蘇秉琦的
遠見卓識。

一　吳城遺址與城垣

吳城遺址位於江西樟樹市西南三十五公里的吳城鄉吳城村後
的丘陵崗阜上。[3]吳城村後因早年常有零星青銅器出土，故俗名
又叫銅城村（圖 1）。據歷次調查和發掘證實，吳城遺址的整個
面積達四平方公里。特別是圍繞吳城村而堆築起的崇墉——商代
土城，是吳城遺址的中心區。巍巍壯觀的土城，前有肖江作護
衛，浩渺回環；隔江對面又有律坪作案山，秀列如屏；後有三嶺
作主心，翠聳如畫；左有馬鞍山，迴圈拱抱；右有木魚山，關鎖
水口，其形勢雖不能說「天造地設」，但確是人類築城繁衍的絕
好勝地。

重大考古發現往往是偶然的，但無數偶然的發現正隱含著發
現的必然。吳城遺址也是一九七三年因興建吳城水庫而發現的。
自發現起至二○○一年近三十年間先後對該遺址進行了十次科學
調查、勘探和發掘[4]，共揭露面積五三六三平方米，清理房基三

2　摘自蘇秉琦先生一九七三年十一月十六日給饒惠元先生的復信。引自
　　宜春市博物館：《江西吳城商代遺址的調查發現與搶救保護》，《南方
　　文物》二○○四年第二期。

3　樟樹市成立於一九八八年，此前稱清江縣。吳城原屬山前鄉，二○○
　　三年改山前鄉為吳城鄉。

4　參見《江西清江吳城遺址發掘簡報》，《文物》一九七五年第七期；《江

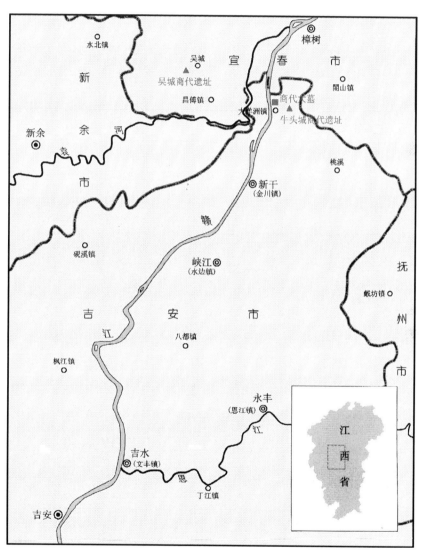

圖 1　吳城遺址、新幹大墓地理位置圖

座、灰坑六十三個、水井三眼、墓葬三十三座、陶窯十四座、大型祭祀廣場一處及與之配套的紅土台基、長廊式路面，出土有石器、陶器、原始瓷器、玉器、青銅器及鑄造青銅器的石範、泥芯等相關遺物總計二○○○餘件，發現刻劃在陶瓷、石範上的文字符號計一六○多種。一個遺址中，出土如此之多的商代文化遺跡和遺物，不僅在江南地區首屈一指，就是在全國已發掘的商代遺址中也是為數不多的，它無疑為我們探究吳城方國的經濟、文化和政治結構、文明發展程度及其與中原商殷王朝和周邊地區商殷時期考古學文化的關係都提供了較豐富的實物史料。

吳城商代土城的確定，是經過一九九五年和二○○一年兩次對西城牆的精心發掘才最後證實。[5]吳城城址平面近圓角四方形（圖2），城內面積六十一點三萬平方米。城牆周長約二八六○米，現殘存高度約三米至十五米不等，整個城址輪廓尚清晰可見（圖3）。城牆一周有六個缺口，其中東南缺口與城東南的低窪地城咀港相通，推測此缺口應為水門，東、南、西、北、東北五個缺口兩側有門垛，推測應是昔日的城門，千百年來當地老俵還直稱為東門、南門、西門、北門和東北門。城內地勢高程較相近，

西清江吳城商代遺址第四次發掘的主要收穫》，《文物資料叢刊》第二輯，一九七八年；《清江吳城遺址第六次發掘的主要收穫》，《江西歷史文物》一九七八年第二期；《樟樹吳城遺址第七次發掘簡報》，《文物》一九九三年第七期；《江西樟樹吳城商代遺址第八次發掘簡報》，《南方文物》一九九五年第一期。

5　參見《江西樟樹吳城商代遺址西城牆解剖的主要收穫》，《南方文物》二○○三年第三期。《吳城》，科學出版社，二○○五年版。

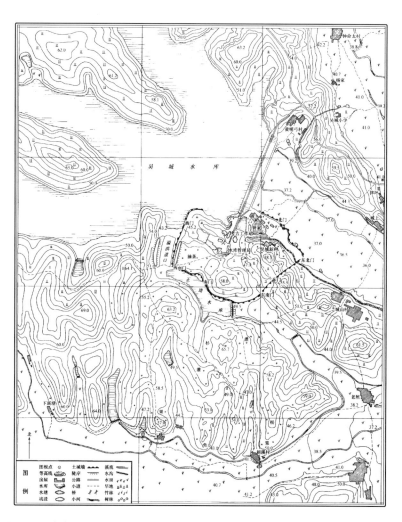

圖2　吳坡坡址及周圍地形圖

根據十次的考古發掘證實，城內清理出很多商代重要遺跡，且有規律地分布於城內，形成了諸如居住區、祭祀區、製陶區、鑄銅區等多個不同的功能區。

圖3　吳城北城牆

　　根據對西城牆的解剖資料，吳城城垣的壘築可分兩個時期，最早的城垣為吳城文化第一期晚段所築，垣體依地勢填高補低而建，只是垣體較窄且矮；到吳城文化二期早段時，再在第一期城垣基礎上加寬加高而修建，即至今現存的城垣，斷面呈梯形，以西城垣為例，殘高三點三米、頂寬八米、底寬二十一米。這時的城垣由主城牆和基槽兩部分組成，即築城的方法，是採用先挖口寬十二點三米、底寬六點五米、深一點九米的鬥狀基槽，然後用純淨生土一層層往上堆壘而成，基槽建成後，再往上堆壘垣體至一定寬度和高度，這樣築建的垣體無疑比之早期的垣體基礎更牢固，垣體更堅實。

　　在吳城文化第二期擴建城牆時，還在垣外挖有護城壕，橫斷

面呈上大下小的鬥狀，上寬六點五米、底寬四點三米、壕深三點
一米，壕底距地表高四點二米。兩岸斜直陡峭，內岸距城垣根有
三點七米的岸面，其間有一條與城壕同一走向的鍋底形溝漕，上
寬一點三米、溝深〇零五米。推測其作用當與建築基址中的落水
功能相似，起著保護牆基和排水以及防止牆體水土流失之功用。

值得注意的是，兩次解剖西城牆時，僅十五平方米的城壕底
部就出土人頭顱骨二十一個，據對出土部分顱骨的鑒定結果，年
齡大都為二十到四十歲的青壯年，有的頭顱頂骨和下頷底部有明
顯刀砍或銳器擊傷痕。據發掘者分析，當時可能發生過較大規模
的攻守戰，吳城城址的廢棄（吳城三期早段）應和這次戰爭有
關。

二　分期與年代

通過吳城遺址的前三次考古發掘，尤其是江西省考古工作者
與北京大學考古專業師生的聯合發掘，發現的遺跡、遺物相當豐
富，發掘者根據文化層和遺跡的疊壓打破關係以及典型器物的演
變規律，將吳城遺址劃分為三期，第一期相當於中原鄭州二里崗
上層，第二期相當於殷墟早期，第三期相當殷墟晚期至西周初
期，從而最早確立了江西乃至整個南方地區青銅時代考古年代學
的分期尺規。

隨著發掘資料的增多和研究的深入，一九七八年底李伯謙教
授首先提出了「吳城文化」的考古學文化命名，指出以吳城遺址
為代表的江西商代文化是一支有自己的分布地域和自身文化特徵
又受到強烈商文化影響的獨立的考古學文化，文中仍然主張將其

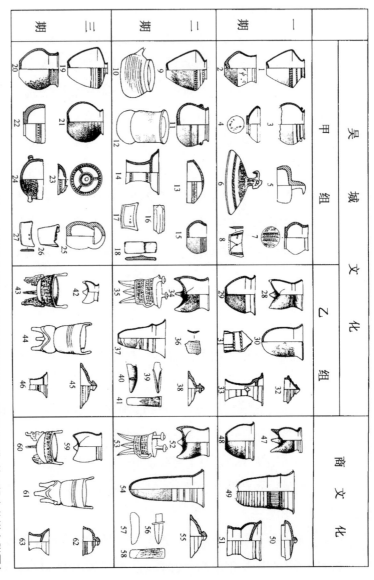

圖 4 吳城文化與甬文化器物比較圖（據《文物集刊》第 3 輯李伯謙文附圖）

分為三期（圖4），只是將吳城遺址的三期劃分變為吳城文化的三期劃分，此外就是將三期文化的年代改訂在商代晚期，也就是說，「吳城遺址和以吳城遺址為代表的吳城文化的年代基本上不超出商代」[6]。吳城文化命名的提出，在海內外學術界受到廣泛重視和被多數學者所確認，它是吳城文化研究的奠基石，以後的一系列研究都是在此基礎上開展的。

　　二十世紀八十年代以後，二十多年來，吳城遺址進行了多次發掘，獲取了更多新資料，全省商代文化的考古發現、發掘也層出不窮，面對這些豐富的新資料，周廣明等在原來所分三期的基礎上，仍根據其地層疊壓關係與器物組合及典型器物演變之關係，將吳城遺址商代文化堆積分為三期七段[7]，即第一期分為早、晚兩段，第二期分為早、中、晚三段，第三期分為早、晚兩段，一期早段的年代定為二里崗上層一期，一期晚段的年代定為二里崗上層二期，二期早段的年代定為殷墟一期，二期中段的年代定為殷墟二期早段，二期晚段的年代定為殷墟二期晚段，三期早段的年代定為殷墟三期，三期晚段的年代定為殷墟四期。顯然這樣的分期是以最基礎也最首要的地層學為依據的，早年我們曾將其分為三期，這是據當時僅有的發掘典型單位的地層及其打破關係而大體區分的，三十年後，由於對吳城遺址的發掘面廣了，發掘的遺跡、遺物也多了，因而相應於上述這些典型單位的地層

和足以相比較的器物也就更為豐富，因此周廣明的這樣分期和斷代顯然更為細緻,更為充實,也更具體,這無疑為江西及至南方地區青銅時代考古學的年代分期和斷代提供了可靠的依據和尺規。

上述吳城遺址的三期七段分期法是僅對吳城遺址本身而言,而以吳城遺址為代表的吳城文化的分期又怎樣呢？早年李伯謙氏三期分期法是否仍然可行？鑒於二十多年來,贛江中、下游地區調查的吳城文化遺址和墓葬就達三〇〇餘處,經正式發掘過的就有贛中地區的築衛城遺址、樊城堆遺址、新幹牛頭城遺址、湖西遺址和大洋洲墓葬等；贛西地區的萬載仙源墓葬；贛北地區的九江龍王嶺遺址、神墩遺址、瑞昌銅嶺礦冶遺址、檀樹嘴遺址、德安石灰山遺址、陳家墩遺址、黃牛嶺遺址、豬壐山遺址、蚌殼山遺址等。其中以九江龍王嶺遺址、神墩遺址和德安石灰山遺址最具代表性,不僅有較理想的地層堆積,還發現有較多的遺跡和遺物,這為吳城文化的考古學分期和文化特徵、性質諸問題的研究提供了有益的資料。正是依據吳城文化的這些新資料,彭明瀚氏以早先李伯謙氏的分期體系為基礎,提出了吳城文化新的四期五段說[8],即第一期,典型遺址和地層目前僅見於九江龍王嶺遺址第一期文化,即其第三層和一號水井,年代為二里崗下層晚段；第二期,分早、晚兩段,即原吳城遺址第一期,年代相當於二里崗上層一、二期；第三期,即原吳城遺址第二期,年代相當於殷墟一、二期；第四期,即原吳城遺址第三期,年代相當於殷墟

8　參見彭明瀚《吳城文化研究》,文物出版社,二〇〇五年版。

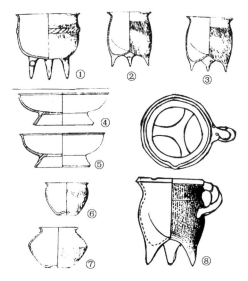

圖 5　商代陶器
①陶鬲　②③陶鼎　④⑤陶盤　⑥陶盆
⑦陶罐（以上龍王嶺出土）
⑧帶把手陶鬲（瑞昌銅嶺 11 號豎井出土）

三、四期。很顯然，彭明瀚與李伯謙的分期法不同之處，主要是
排出了早於吳城遺址一期即相當二里崗下層晚段的遺存單位，並
獨立稱為第一期，那李伯謙原分的一、二、三期自然就延後分別
為二、三、四期；另外就是將第二期即原稱的一期如同周廣明氏
一樣分為早、晚兩段，所以合稱為四期五段。

　　從九江縣龍王嶺遺址第三層和一號水井[9]出土的遺物陶器看
（圖 5），陶質以泥質灰陶為主，夾砂灰陶次之，泥質、夾砂紅陶

9　參見江西省文物考古所等《九江縣龍王嶺遺址》，《東南文化》
　　一九九一年第六期。

和硬陶較少，尚有約百分之十一點二九的外掛黑衣陶。器形有鬲、盆形鼎、折腹罐、圈足盤和長頸罐等，其器物特徵，特別是那種卷沿、束頸、高分襠、尖錐狀實足鬲，與鄭州二里崗下層出土的相近[10]，實際瑞昌銅嶺礦冶遺址十一號豎井出土的鬲也與此相類，而與吳城遺址一期早段的鬲稍有區別，一期早段鬲的特點是多卷沿近折，或斜折沿，多厚方唇，袋足狀變瘦和足根部內斂，所飾繩紋由細趨粗，這種鬲顯然和鄭州二里崗上層一期鬲作風相似，此外，在吳城一期早段中還出現一種頸飾寬扁形繩索狀堆紋一周、袋足上豎飾附加堆紋三條的大鬲，因此，將龍王嶺第一期文化單列出來排在吳城一期早段之前是正確的，這無疑更真實地揭示了吳城文化發展變化的階段性，但是，是在原吳城文化所分三期之前增加一期成四期，還是仍維持原來所分三期只是在第一期的早、晚兩段前增加一段而成早、中、晚三段呢？我們的意見應是後者。

考古學文化是代表一定年代界限、分布於一定地域、有一定文化特徵的遺跡和遺物的共同體[11]，是一種極其複雜的時空綜合系統。當這種文化變化、發展到一個階段而表現出與前面有所不同時，可稱為同一文化的某期某段。一支考古學文化在其發生、

---

10 參見安金槐《關於鄭州商代二裏崗期陶器分期問題的再探討》，載《安金槐考古文集》，中州古籍出放社，一九九九年版。《鄭州二里崗》，科學出版社，一九五九年。

11 參見夏鼐：《關於考古學上文化的定名問題》，《考古》一九五九年第四期。

發展過程中，不僅分布範圍會有所變化，文化因素也會不斷發生變化，但這種發展變化有多種情況，一種是局部的或在量上有些許變化，可稱之為漸變；一種是整體面貌上變化發展特別明顯，可稱之為突變，不論是漸變抑或突變，都還是在量上而非質的變化，如果發生了質的變化，當然就應視為另一種文化。如果在同一文化中，文化因素上僅是局部漸變的話，當應是某期中的某一段，若文化因素上是整體上的突變，那就可將其定為新的一期。以九江龍王嶺第一期文化來說，目前發掘面積僅一五〇平方米，出土遺跡、遺物也不甚豐富，僅從現有資料和吳城遺址一期早段相比，都以泥質灰陶為主，夾砂灰陶次之，前者也有印紋硬陶，只是後者更多一些；前者的紋飾以細繩紋為大宗，還有少量弦紋、方格紋、錯亂雲雷紋、葉脈紋和附加堆紋等，後者的紋飾增加了粗繩紋、圓圈紋、S 形紋、曲折紋等；器形上，後者增加了方鼎、深腹罐、折肩罐、折肩甕、大口尊、傘狀器蓋等，常見的高分襠袋足鬲也僅有少許變化，而且都未見有後來較多出現的瓿形器，這些都表明前者向後者的變化，尚是局部的量上的漸變，而非是整體文化因素上的突變。為此，九江龍王嶺遺址第一期文化當應歸屬吳城文化一期，只是應排在吳城文化一期早段之前，這樣吳城文化一期就可分為早、中、晚段，時代相當於中原鄭州二里崗下層二期到上層一、二期，這一時期正是吳城文化的形成階段。

　　至於原來所分的吳城文化二、三期，首先是依據典型單位的地層疊壓關係，然後同樣按照典型陶器及其組合等諸文化因素的漸變與突變來分期的。由於二期發掘的遺跡、遺物特別豐富，發

現的遺址也較多，應是吳城文化的繁榮時期，而到三期時，吳城文化則開始趨向衰落，周廣明氏將二期分為早、中、晚三段、三期分為早、晚兩段應是合理的。這樣，整個吳城文化我們認為應分為三期八段（圖6）

圖6　吳城文化分期及年代簡表

典型遺址　段期		龍王嶺遺址	瑞昌銅嶺礦冶遺址	德安石灰山遺址	吳城遺址	新幹大墓	與中原相對年代
第一期	早	第一期	十一號豎				鄭州二里井崗下層二期
	中	第二期		第一期	第一期早段		鄭州二里井崗上層一期
	晚			第二期	第一期晚段		鄭州二里井崗上層二期
第二期	早	第三期			第二期早段		殷墟一期
	中				第二期早段		殷墟二期早段
	晚				第二期晚段		殷墟二期晚段
第三期	早				第三期早段		殷墟三期
	晚				第三期晚段		殷墟四期

三　分布地域

　　吳城文化不僅是有其鮮明的文化特徵和自成系統的完整發展系列，而且是有一定的分布地域的考古學文化。據五十多年來的文物調查與發掘資料，全省範圍內已發現商周遺址六〇〇餘處，其中屬吳城文化系統的遺存就近三〇〇處之多，主要分布在贛江中、下游及今鄱陽湖西岸一帶（圖7），而以贛中的樟樹、新幹、新餘和贛北的九江、瑞昌、德安兩地區最為密集。

　　吳城所在的樟樹市境，至今發現商周遺址就達六十餘處，有的如吳城一樣只有單純的商代文化堆積，如胡家山遺址、藍家山遺址、鳳凰山遺址等；但更多的類型是屬於下層為新石器時代晚期、中層為新石器時代末期、上層為商周或東周遺存，如已發掘的營盤里、築衛城和樊城堆遺存。早年發掘的營盤里上層就出土有和吳城一樣的直內石戈、高分襠陶鬲、甗形器和鑄造銅鏟、銅斧的石範等。[12]築衛城和樊城堆上層的出土物中，諸如方唇、高頸、頸腹分明有折度的分襠鬲、大口尊、小口折肩罐、甗形器、傘狀器蓋、石範和飾圈點紋的高圈足原始瓷豆、紡輪、馬鞍形陶刀等，都是吳城文化的典型器物。[13]

　　新幹是發現吳城文化遺址較多且極為重要地區。諸如牛頭

12　參見江西省文物管理委員會：《江西清江營盤里遺址發掘報告》，《考古》一九六二年第四期。

13　參見江西省博物館等：《清江築衛城遺址發掘報》，《考古》一九七六年第六期；《江西清江築衛城遺址第二期發掘》，《考古》一九八二年第二期。

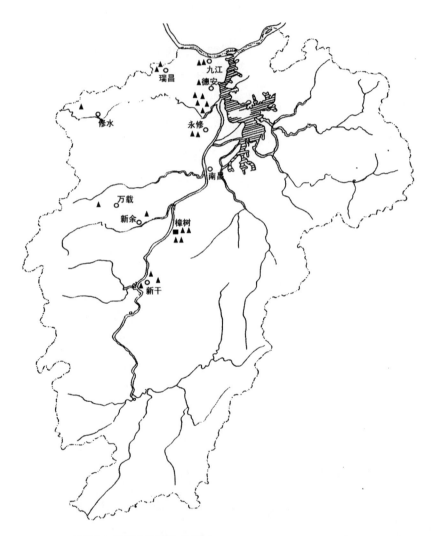

圖7　吳城文化已發掘主要遺址分佈圖

城、湖西、馬墟山、莒洲等十餘處，牛頭城遺址還發現有始建於商代晚期、興盛於西周的土築城牆，城址呈不規則長方形，且有內外兩城，內城東西最長六五〇米，南北最寬四〇〇米，面積約二十萬平方米；外城東西最長一一〇〇米，南北最寬六〇〇米，面積約五〇萬平方米，僅比吳城城址面積小十萬平方米左右。[14] 從調查試掘的材料看[15]，包含有新石器時代晚期到商代再到西周時期的地層堆積，從出土的方唇、平折沿、高頸、頸腹有折度、分襠或瘦襠錐狀袋足鬲、甗、頸腹分明的圜凹底盆形缽、淺盤喇叭形高圈足豆、深腹盆、大口尊、覆缽式器蓋、子口不高或已退化的傘狀器蓋、雞冠形扉棱裝飾的器蓋以及直內石戈、馬鞍形陶刀等都與吳城二、三期出土的同類器相同，其印紋硬陶、釉陶和原始瓷的紋樣如曲折紋、席紋、雲雷紋、網結紋、圓圈紋、圈點紋、剔刺紋、葉脈紋、三角窩紋弦紋、鋸齒狀堆紋、水波紋等也大部分都表現出與吳城二、三期的紋飾風格相一致，只有少部分的紋樣類別和風格與贛東北萬年類型商文化相合，故此，牛頭城遺址應屬吳城文化系統的一處重要文化遺存。當然，對於牛頭城址的文化內涵以及與附近的新幹商代大墓和贛江西面吳城的關係究竟怎樣等諸多重大問題，尚有待來日考古工作的深入開展。

　　二十世紀八十年代末期，距牛頭城城址僅二點五公里許的大

14　據江西省文物考古研究所已故研究員詹開遜給筆者提供的材料。

15　參見江西省文物工作隊：《江西省新幹縣牛頭城遺址調查與試掘》，《東南文化》一九八九年第一期；《新幹縣湖西、牛頭城遺址試掘與復查》，《江西文物》一九九一年第三期。

洋洲程家村旁，發現一座商代大墓（圖 8），它是至今已發現的規模最大、出土文物等級最高的吳城文化墓葬，是吳城青銅文化的有機組成部分，多年來吳城遺址中一直未發現的大型貴族墓葬和青銅「重器」，終於在距吳城遺址二十公里外的贛江東岸發現了。該墓出土文物極為豐富，計有青銅器四七五件，玉器七五四件（顆），陶器和原始瓷器一三九件，其中尤以青銅器令人矚目，其數量之多、種類之全、鑄工之精、特色之鮮明，不僅為中國南方地區所僅見，就是從全國來說，在商代一個埋藏單位出土如此之多的銅器和玉器，只有中原殷墟婦好墓和四川廣漢三星堆可以與之相比，陶瓷器如此之多則更是罕見。因此，它的發現，大大豐富了吳城青銅文化的內涵，進一步改變了人們長期以來對中國南方古代文明發展進程的認識，因為它以無可辯駁的事實證明，遠在三千多年前，贛江流域就有一支與中原商殷文化關係密切的土著青銅文化，有著一個富有鮮明地域特色、在一定意義上又可以與中原商殷文明媲美的發達的方國文明。正如李學勤所言：「新幹商墓的重要性在於以往大家為傳統觀念所束縛，把古代的南方設想為蠻荒落後，近年一系列考古發現，逐漸揭開了事實

圖 8　新幹商代大墓遺物出土時情景

的真相，使南方的古文明史重現其應有的光輝。商代吳城文化分布的贛中、贛西北是具有相當高文化水準的地區，與中原王朝有密切的文化交通關係，這不但改變了我們對這一地區古文明的理解，也把南方以至整個商代文明的圖景在很大程度上改變了。」[16] 正因新幹商代大墓有如此突破性重大意義，故曾被評為中國「七五」期間全國十大重要考古發現之一，新世紀之初，又和吳城遺址一同榮獲二十世紀全國百項重大考古發現之殊榮。

新余市也是發現吳城文化系統遺址較多地區之一，如渝水區羅坊鎮的棋盤山遺址就是典型的臺地型聚落中心遺存，[17]如同樟樹築衛城、樊城堆遺址一樣，下層為新石器時代晚期，中層為商代，上層主要為西周時期的堆積，從中層出土的鬲、小口折肩罐、高圈足豆、直口尊、盆、釜等陶器看，明顯與吳城遺址出土的相吻合。值得注意的是，在棋盤山遺址周圍二、三平方公里範圍內，發現了十二處相同的文化遺存。隨著今後有計劃的開展其考古發掘，必將對吳城青銅文化源流的研究有其重要意義。

贛江下游和鄱陽湖以西的贛北、贛西北地方是吳城文化分布的另一中心區，從目前已調查發掘的資料看，其中又以瑞昌、九江和德安等地分布最廣。

德安石灰山遺址是經過兩次科學發掘的吳城文化系的典型遺

---

16 李學勤：《發現新幹商墓的重大意義》，《中國文物報》一九九〇年十一月二十九日。
17 參見新余市文化局申報第五批省級文保單位的《棋盤山遺址》材料。

存。[18]根據其地層堆積和出土陶器的變化特徵，證實該遺存為單純的商代遺址，但可分為上下兩大層。兩層文化的陶質、陶色和器類基本一致，以泥質灰陶為主，有一定數量的外掛黑衣陶、印紋硬陶和原始瓷，主要陶器有鬲、豆、罐、盆、器蓋和甗形器等，只是器形上稍有不同；陶器裝飾紋樣流行繩紋、方格紋、席紋、葉脈紋、篦紋、曲折紋、S形紋、鋸齒狀附加堆紋、雲雷紋、菱形紋、凸方點紋、波浪形刻劃紋和組合紋飾等，但兩層也不盡相同，如下層繩紋較粗，上層的繩紋較纖細；下層的幾何印陶紋樣總的顯得細密，上層的印紋硬陶和原始瓷數量和紋樣有所增多，凸方點紋除繼續沿用外，有的演變成凸圓點紋，而且紋樣總的顯得寬疏，表明上下層文化有區別，在發展階段上可分為早晚兩期。從下層的瘦高體錐狀袋足鬲、高錐狀袋足粗繩紋附加堆紋大鬲等與吳城遺址第一期早段的相同；而上層的折沿鬲、深腹盆、折肩罐、假腹豆等又與吳城遺址第一期晚段的相類來看，說明其年代應比九江龍王嶺遺存的下層稍晚，而大體與吳城遺址的第一期文化相當，即相當於鄭州二里崗上層的一、二期文化時期。

此外，在德安米糧鋪與永修縣江益交界處，也有著較密集的

---

18 參見江西省文物考古研究所《江西德安石灰山遺址試掘》，《東南文化》一九八九年四、五期；《江西德安石灰山商代遺址發掘簡報》，《南方文物》一九九八年第四期。

商周遺址群。從對陳家墩[19]、豬山壟、黃牛嶺、界碑嶺[20]、蚌殼山[21]等遺址發掘情況看，除豬山壟較單純為商周文化堆積外，其他都普遍有著早中晚三期堆積，上層為西周時期堆積，晚或可到東周，中層一般為商代晚期遺存，下層有的為新石器時代晚期遺存。從中層出土的遺物看，儘管兼有不同程度萬年青銅文化因素，特別像豬山壟表現得更為明顯，說明地處贛北門戶之區，多種文化都彙集、交融於此，使其古代文化面貌呈現多姿多彩，但總的來看，其基本文化面貌仍應歸屬於吳城文化系統。

前已述及，九江縣龍王嶺遺址和瑞昌銅嶺礦冶遺址十一號豎井都出土有相近於吳城遺址的文化遺物，且其年代要稍早於吳城遺址第一期。此外，在瑞昌銅嶺礦冶遺址的附近，還試掘有一處檀樹嘴遺址[22]，從出土的鬲、瓿形器、假腹豆、廣平折肩罐等陶器看，也明顯屬吳城文化系統，這無疑對探討銅嶺礦冶遺存的主人族屬等問題都是極有意義的資料。

19 參見江西省文物考古研究所等《江西德安縣米糧鋪遺址發掘簡報》，《南方文物》一九九三年第二期。《江西德安縣陳家墩遺址發掘簡報》，《南方文物》一九九五年第二期。

20 參見《江西德安米糧鋪遺址發掘簡報》，《南方文物》一九九三年第二期。

21 參見邱文彬等《江西德安、永修界碑嶺商周遺址調查》，《南方文物》一九九三年第二期；《江西德安蚌殼山遺址發掘簡報》，《南方文物》一九九四年第三期。

22 參見朱垂珂等：《江西瑞昌檀樹嘴遺址試掘》，《南方文物》一九九四年第三期。

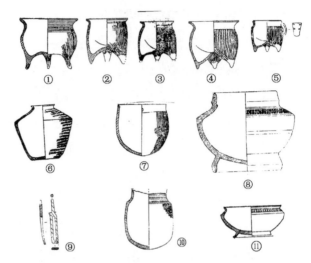

圖9　商代遺物（九江神墩）
①②③④⑤陶鬲　⑥@折肩陶罐　⑦⑩陶罐　⑨木耜　⑪陶簋

　　九江縣神墩遺址[23]，有著新石器時代晚期、商代和周代三個不同時期堆積。在商代文化層特別是發現的一口水井中，出土的器物很多，典型的有木耜和木質構件，陶器有袋足分襠鬲、帶把鬲、折肩罐、假腹豆、深腹圜底罐和仿銅陶罍（圖9）等。陶器紋樣以以繩紋居多，尚有附加堆紋、弦紋、網紋以及錯亂的葉脈紋、剔刺紋和刻劃紋等。上述一些典型器物和某些紋飾都是吳城遺址二期文化常見的。

　　尤為值得注意的是，地處贛西北的修水山背地區，調查的三

23　參見江西省文物考古研究所：《九江神墩遺址發掘簡報》，《江西歷史文物》一九八七年第二期。

十七處遺址中[24]，第一類是下層為新石器時代晚期，上層為商周印紋硬陶遺存；第二類則為單純的商周印紋硬陶遺存。這種堆積和分布情況和贛江下、中游地區是一致的。儘管上層商周印紋硬陶遺存的堆積多已沖刷殆盡，時代也有早晚，也不等量的含有萬年青銅文化因素，但從地表散見的文化遺物看，諸如高頸、頸腹分明的分檔鬲、小口折肩罐、深腹圜底缸和馬鞍形石刀等，都明顯是吳城文化的因素。此外，如雲雷紋、圈點紋、S 形紋、鋸齒狀附加堆紋、雲雷凸點紋、指甲紋和雙線對角刻劃紋等裝飾作風甚至裝飾部位都和吳城文化二期或三期一致。

贛西地區的萬載仙源[25]和奉新縣城渡[26]等遺存，從上層出土的石戈、鬲、甗形器、折肩罐、敞口尊、直口尊、大口缸、馬鞍形石刀等和原始瓷的胎質、釉色以及圈點紋、S 形紋、鋸齒狀附加堆紋等幾何紋樣作風都頗具吳城文化特點，其中萬載仙源榨樹窩遺址出土的原始瓷質的碗底上，還發現有類同於吳城遺址的文字與符號，如「五」、「網」等字。

有必要指出的是，石灰山遺存與吳城遺址在文化特徵上也表現出有一些差異，如石灰山的黑皮陶比吳城盛行，而印紋陶、釉陶和原始瓷又遠不及吳城發達；又如兩遺址都出土有較多鬲類

24　參見江西省文物管理委員會：《江西修水山背地區考古調查與試掘》，《考古》一九六二年第七期。

25　參見萬載縣博物館《萬載縣商周遺址的調查》，《江西歷史文物》一九八六年第二期。只是仙源遺址尚未發現鬲類器。

26　參見胡義慈、陳文華《奉新縣發現商代遺址》，《文物工作資料》一九七五年第五期。

器，但石灰山更多的是早期鬲，而未見頸腹分明、弧襠或癟襠的較晚形制；再如吳城遺址發現相當數量的陶文和刻劃符號，而石灰山一個未見，等等。正因贛北的吳城文化與贛中的吳城文化有這種少許差異，故有的學者試著將吳城文化分別命名為吳城類型和神墩類型[27]，有的學者也主張分為兩個類型，只是考慮德安石灰山遺址科學發掘最早、出土遺物更豐富、器物演變更清晰，因而改神墩類型為石灰山類型[28]。產生這種少許差異的原因，是由於地域的不同而有類型上的區別呢？還是因時代上的早晚而處於發展階段上的不同？我們的意見是傾向於後者，這如同九江龍王嶺遺存一樣，石灰山遺存一期的年代僅比龍王嶺一期稍晚而與吳城遺址一期早段相當，都是處於吳城文化較早的發展階段。如前所述，商文化的南漸最早是通過大江而後溯贛江而上逐步南漸的，因而越往北的商文化因素必定更濃，烙印更深，反之則趨淡趨淺，這樣在文化面貌上的些許差異就必然的了。

吳城文化對東方無疑也有著強大的幅射力，但八十年代初我們曾把贛東北萬年縣境的一些商代遺址和墓葬歸入吳城文化範疇顯然有誤，[29]爾後大量新的考古資料證實，以萬年遺址和墓葬為代表的商周文化遺存是一支既與吳城文化有密切聯繫又有其自身

27　參見宋新潮《殷商文化區域研究》，陝西人民出社，一九九〇年。

28　參見彭明瀚《吳城文化研究》，文物出版社，二〇〇六年。

29　參見李伯謙《試論吳城文化》，《文物集刊》第三輯，一九八一年；彭適凡：《吳城文化族屬考辨》，《百越民族史論集》，中國社會科學出版社，一九八二年版。

特色的土著青銅文化，它與吳城文化在不同地域並存發生、發展著，只是吳城文化的發展水準遠高於萬年青銅文化。從目前已有資料看，進賢和臨川一線似是兩支文化的交匯地區，如進賢城墩、寨子峽等遺址[30]，從出土的陶器來看，諸如炊器以鬲形器為主，其他如支座、高領罐、甕、缽、帶把缽（把上帶刻符）等以及蝶鈕和握拳形鈕的印紋硬陶罐和錯亂的雲雷紋、葉脈紋、席紋等裝飾風格都應是萬年青銅文化因素；而鬲、直口尊、大敞口尊、折肩器、豆和馬鞍形陶刀等則明顯又是吳城文化因素。臨川地區的一些遺址[31]，也同樣表現出兩種青銅文化因素兼有的情況，如橫山遺址出土的鬲形器、甕、帶把缽以及印紋硬陶的紋飾作風均為萬年文化因素，而鬲、折肩罐、馬鞍形陶刀以及器表或器底刻劃有文字與符號（如 ↓、∧∧ 等）的作風等則與吳城文化雷同，該遺址出土的馬鞍形陶刀就達十四件之多，且器身雙面有的也印有網紋、葉脈紋、方格紋或雲雷紋，有的也施青黃釉，如河西一號遺址出土的一件馬鞍形陶刀，陶質紅色，長六點七釐米，刃寬〇點九釐米，表面布滿橫籃紋裝飾，兩側邊則分別刻劃有兩排豎的葉脈紋符記，其葉脈紋類和構圖與吳城遺址出土的一件泥質黃陶盂底部的風格相近，所不同的是後者兩側刻有五個文

30　參見江西省文物工作隊《江西省進賢縣古文化遺址調查簡報》，《東南文化》一九八八年第三、四期。

31　參見江西省文物管理委員會《江西臨川新石器時代遺址調查簡報》，《考古》一九六四年第四期；臨川縣文物管理所：《江西臨川縣古文化遺址調查簡報》，《江西文物》一九八九年第三期。

字，中央則同樣刻有兩豎排葉脈紋。

　　吳城文化的南界目前尚不甚清楚。從目前贛南地區三次普查資料看，也發現了不少帶幾何印紋陶的商周遺存，甚至出土了鑄造簡易青銅兵器、工具的紅沙岩石範，這可以于都縣羅坳石尾遺址、仙鵝頸遺址[32]、尋烏小布牛坪岌遺址[33]和贛州竹園下遺址[34]等為代表。只是目前調查發現的遺址多，真正經過科學發掘的遺址少。其文化面貌表現出錯綜複雜，從某些陶器如深腹盆、折肩罐、折腹罐和假腹高圈足豆等似有某些吳城文化因素，說明吳城方國文明的強大影響力也擴及於此，但從整體青銅文化面貌看，如印紋陶中以曲折紋、複綾長方格紋和與雲雷紋等組合紋為代表的裝飾作風，又與吳城文化面貌不盡相同，而表現出與廣東石峽中層的商文化相近，那種多見的高領尊，又表明它與粵東地區商文化「浮濱類型」有一定聯繫。以上情況都足以說明，贛南地區的青銅文化更多的是帶有嶺南珠江三角洲和華南沿海地區考古學文化的色彩，因此，吳城文化的確切南界，應是今後吉安、贛州兩地田野考古工作中需重點解決的課題之一。

32　參見韓振飛《于都發現商代遺址》，《江西文物》一九八九年第三期。

33　參見贛州博物館《尋烏小布牛坪岌商周遺址發掘報告》，《南方文物》二〇〇一第四期。

34　參見江西省文物考古研究所《江西贛州市竹園下商周遺存的發掘》《考古》二〇〇〇第十二期。

第二節 ▶ 吳城文化特徵

　　如前所述，任何考古學文化都是具有一定時間界限、一定分布地域和一定文化特徵的考古遺存的共同體，它都是在特定的歷史條件和自然地理、生態環境制約下形成、發展起來的。任何考古學文化又不是孤立發展的，它和周邊甚或較遠的考古學文化必然有著程度不等、千絲萬縷的聯繫、交流和融合。此外，考古學文化又不是一成不變的，在不同時段，其文化因素亦會有一定的變異，亦就是說，它有一個動態變化的過程。上述這些都可能給考古學文化面貌罩上一層較為複雜而非單一的重重的面紗，從而往往給人以錯綜紛亂和撲朔迷離的印象。吳城考古學文化就是如此，它前後延續達四、五百年，分布範圍又較為廣泛，其文化內涵顯然也是極為複雜的，為此，我們要認清一支考古學文化的真實面貌，就必須極其細心地揭去這一重重面紗，要對其文化內涵進行條分縷析，辨別出哪些是真正的主體文化？哪些是非主體的外來文化？哪些又是被吸取、改造甚或融合了的外來文化？這就是所謂文化因素分析的方法。「文化因素分析是指對考古學文化構成因素的分析，和地層學、標型學方法一樣，是考古學基本方法之一。」[35]

　　根據文化因素分析的方法和原則，我們想從吳城文化的陶器、原始瓷、青銅器和文字符號等諸多方面進行剖析，然後總結

35　參見李伯謙《論文化因素分析方法》，《中國文物報》一九八八年十一月四日。

出吳城文化有如下一些有別於中原商殷文明和其他青銅文化的獨有的文化特徵。

一 豐富多彩的幾何印紋陶器

陶器是人們日常生活中使用最為廣泛的生活用器，因而在古文化遺址中出土也最為豐富，又由於不同人群共同體的生活習俗、審美情趣、宗教信仰的差別，因而製作出來的陶器亦帶上各自族群的特色。不同時空單位的考古學文化，其陶器的類別、造型和陶器群的組合都有明顯差異，因而陶器很自然就成為我們鑒別考古學文化最重要的遺物，成為我們今天辨識古代人群共同體的一種外在「語言」。我們在鑒識陶器時決不能簡單地只看其造型特徵的相同或相似，更不能只觀其器類或名稱的是否相同，科學的方法應該是把第一印象的造型特徵與其陶質、陶色、紋飾和製作等諸多方面綜合進行比較研究，即要在總體上予以把握，這樣得出的結論才能較符合歷史的真實。

正是依據上述這種觀點，我們對吳城文化的陶器群擬作如下的一些比較分析。

首先，從陶質、陶色、紋飾即陶器總的類別和風格看，吳城文化的陶器呈色顯得多種多樣，既有淺灰陶，也有紅陶，甚至還有黃陶，這當然與燒造窯爐的燒造氛圍相關，但它和中原商周陶器多數呈灰褐明顯有別，使明眼人一看就感到這是兩個絕然不同的製陶工藝發展系統。尤其在吳城文化的陶器群中，有一批豐富多采的幾何印紋硬陶器，據對吳城遺址第一期文化的標準層位一九七四年秋 T7 層的統計結果，其幾何印紋硬陶器占到百分之十

六點二八；第二期的標準層位一九七四年秋 ET5H4 層的統計結果，印紋硬陶占百分之二十一點八二；而到第三期，以標準單位一九七四年秋 EF9H11 統計，竟增多到百分之二十二點五八，這其中還不包括有幾何印紋的軟陶器，可見多種陶系中幾何印紋硬陶在吳城居民日常生活中的重要性。吳城的幾何印紋陶不僅數量多，而且器物的種類也多，計有鼎、甗形器、豆、罐、盆、尊、缽、碗、盂、甕、器蓋、紡輪、網墜、陶刀等，幾乎包括日常生活中的各個方面。此外，吳城印紋陶的種類也顯得複雜繁縟，尤以二、三期最為繁複，其常見的紋樣有圓圈紋、圈點紋、篦紋、蠶紋、曲折紋、S 形紋、雲雷紋、葉脈紋、凸方塊紋、凸三角塊

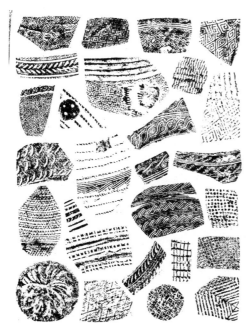

圖 10　吳城文化二期部分陶器紋樣

帶紋、水波紋、米字紋、鋸齒狀附加堆紋、菱形填線紋、蕉葉紋、回字紋以及各種組合紋飾等三十餘種（圖 10），這是中原商文化和先周文化中陶器紋飾所不可比擬的。

中原商殷文化中雖也燒製一些幾何印紋陶，但數量普遍都少，以鄭州部分商代遺址為例，出土的印紋硬陶只占陶片總數的百分之〇點〇五左右[36]，而且紋飾種類較少，主要見雲雷紋和人字紋，兼有少量方格紋和輪旋紋，還出現了雲雷紋和人字紋的組合紋飾。常見的器形是甕、尊、罐等。商代晚期的印紋硬陶，在河南安陽殷墟等地也有少量出土，也多是甕、尊、罐等類，陶色多為灰褐色，拍印的紋飾仍為方格紋、雲雷紋和人字紋等，如一九五三年安陽大司空村發掘時，整個出土的印紋硬陶和釉陶片只有五片[37]。以武功縣鄭家坡遺址和岸底遺址[38]等為代表的陝西關中漆水河流域的先周文化中，也曾出土部分印紋陶，紋樣種類比之商殷文化稍多，如有方格紋、方格乳釘紋、菱形乳釘紋、重菱紋、雲雷紋和葉脈紋等，但總的數量和紋樣種類比之吳城仍要少得多，有的像禮泉朱馬嘴遺址中印紋陶就更少。[39]故現在愈來愈

---

36 參見安金槐《談談鄭州商代的幾何印紋硬陶》，《考古》一九六〇年第八期。

37 參見馬得志等《1953年安陽大司空村發掘報告》，《考古學報》一九五五年二冊。

38 參見寶雞市考古工作隊《陝西武功鄭家坡先周遺址發掘簡報》，《文物》一九八四年第七期；陝西省考古研究所：《陝西武功岸底先周遺址發掘簡報》，《考古與文物》一九三三年第三期。

39 參見北大考古系商周組《陝西禮泉朱馬嘴商代遺址試掘簡報》，《考古與文物》二〇〇〇年第五期。

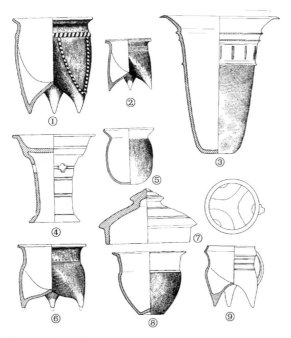

圖11　吳城文化甲組陶器
①②⑥鬲　③大口尊　④帶「十」字形鏤孔豆
⑤深腹罐　⑦器蓋　⑧深腹盆　⑨斝

多的學者認為，中原的幾何印紋陶工藝應是在南方印紋陶製作工藝影響下燒造的。[40]

　　其次，根據對一些典型陶器的造型特徵及其風格的比較分析，可將吳城文化的陶器群分為以下四組：

　　甲組陶器有：分襠鬲、三足甗、甑、盆、深腹罐、大口尊、爵、斝、帶「十」字鏤孔的假腹豆等（圖11）。本組陶器的主要

40　參見彭適凡《中國南方古代印紋陶》，文物出版社一九八七年版。

特點是，具有較濃厚的商文化作風，陶器以夾砂或泥質陶為主，只有少量灰硬陶和原始瓷，繩紋最流行，幾乎每一種器物都可在商文化中找到同類的，尤其在一、二期，但只要細加比較，又無一件相同的，即都是經過改造而變體了的商器，如以鬲為例，吳城一期常見的分襠鬲，高頸，袋足足尖部分向內勾，腹足弧連成一體，實足根較短，外分襠線明顯，其制法是從外一層層包黏上去的，這和商文化的分襠鬲不同，鄭州商城的分襠鬲，無頸，足尖向外撇，腹足間有折度，實足根相對要高且是後加上去的；吳城二期的分襠鬲，頸更高，頸腹分明，多飾圈點紋，與商鬲的縮頸有別；吳城三期鬲的體型普遍扁小，非實用器。又如深腹罐，粗看其形體頗與鄭州二里崗甚至河南龍山文化的很是相近，實際吳城的為敞口深直腹且是圜底，而鄭州商器則為大口深橢圓腹且是平底。再如豆形器，吳城文化一、二、三期的演變序列較清楚，從假腹豆向真腹豆演變，這頗與中原商文化相同，但細察整個造型卻有較大區別，如吳城一期的豆，圈足高且直，近底部呈小喇叭形，整體顯得瘦長，上部多飾三個對稱的「十」字鏤孔，而二里崗的豆圈足相對低矮粗大，整體顯得粗胖，一般不飾「十」字形鏤孔。吳城二期的豆仍然是高圈足，少見「十」字形鏤孔，飾多道圈點紋，而殷墟早、中期的豆圈足相對較矮。

乙組陶器有：聯襠鬲、癟襠鬲、小口折肩罐、高領折肩罐、大口折肩尊和折肩甕等（圖 12）。此組陶器種類不是很多，特點

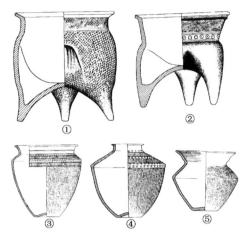

圖12　吳城文化乙組陶器
①聯襠鬲　②癟襠鬲　③大口折肩尊
④小口折肩罐　⑤大口折腹尊

是具有鮮明先周文化風格。[41]吳城文化折肩類的罐、尊、甕等，整體風格為短頸、平折沿、斜直腹或弧腹，肩徑一般大於腹徑，肩面較寬，底多為平凹底，而鄭州商城中的折肩甕和尊、罍等類器，其肩面均較窄，且肩徑多小於或等於腹徑，與吳城折肩器有較大差距，從吳城的肩頸一般大於腹徑的整體風格觀察更接近於先周的折肩器，至於那種聯襠鬲（加癟襠）更應是先周文化因素莫屬。折肩器少量出現於吳城第一期，而聯襠鬲、癟襠鬲卻始見於二期早段，即相當於殷墟早期前後，此後一直流行至三期晚

41　參見張天恩《關中西部商文化研究》，《考古學報》二〇〇四年第一期。

段，其演變規律明顯。但是，如同具有濃厚商文化作風的甲組陶器經過改造變體一樣，乙組陶器也是經過改造了的變體的先周器，就以小口折肩罐類器為例，雖然肩頸一般大於腹徑似先周文化同類器，但吳城的為平凹底，先周的則都為平底；吳城的基本帶蓋，先周的帶蓋少；吳城的多幾何印紋硬陶、釉陶和原始瓷質，先周的則多為泥質灰陶，且其表面多施由方格、弦紋和繩紋組成的區段式裝飾，繩紋多作麥粒狀，這些又和吳城的小口折肩罐顯然有別，故而也有可能吳城文化中的折肩器是土著居民分別吸取商文化中折肩尊、折肩甗和先周文化折肩罐的特點而進行改造、創新的一種新型折肩器類。

丙組陶器有：鼎、甗形器、釜、瓿形器、帶棱座豆、缽、盂、圓腹罐、高領瘦腰罐、貫耳深腹罐、直腹筒形罐、斂口罐、大口缸、鳥啄狀捉手器蓋、帶獸形扉棱器蓋、方形器蓋和馬鞍形陶刀等（圖 13）。此組陶器品類豐富，數量也多，是吳城文化最基本的陶器組合，而且二、三期比一期的多，即時代愈後愈多。此組陶器特點是土著特色濃厚，是中原商文化和先周文化以及周鄰地區青銅文化中所不見的，它們大部都應是贛江中下游地區古老傳統陶器的繼承和發展，有的在此一地區新石器時代晚期文化中就可找到其雛形，如大家公認的甗形器是贛境地區商周時期土著居民最主要炊器，它最早就出現於樟樹樊城堆遺址下層文化；帶棱座豆，同樣在贛境新石器時代晚期的新余拾年山、樟樹樊城堆、永豐尹家坪、九江神墩和廣豐社山頭等眾多遺址中都有普遍的發現，只是圈足座上的帶棱道數和上下位置稍有發展和變異；夾砂紅陶大口缸，因湖北盤龍城商代城址中出土數量較多，因而

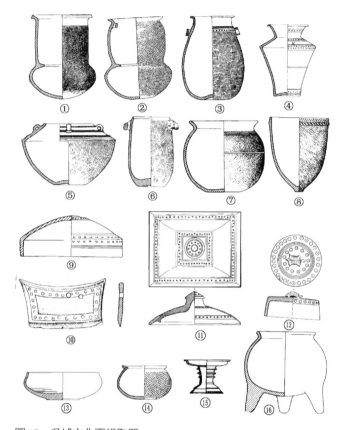

圖 13　吳城文化丙組陶器
①②甌形器　③貫耳深腹罐　④高領瘦腰罐　⑤斂口罐　⑥直腹筒形罐
⑦圓腹罐　⑧大口缸　⑨覆缽狀器蓋　⑩馬鞍形陶刀　⑪方形器蓋
⑫龜鈕覆缽狀器蓋　⑬缽　⑭盂　⑮帶棱座豆　⑯鼎

一般多認為它來源於商文化的盤龍城類型，實際它同樣應是淵源
於本區本土的新石器時代晚期文化，如在修水山背文化中就發現
有夾砂紅陶質的直口斜腹圜底缸，表飾斜向籃紋，與吳城遺址一
期早段的夾砂青灰陶質的直口斜腹缸相近，同類的粗砂陶小平底

大口缸在樟樹築衛城遺址下層和廣豐社山頭第三期文化中都曾有出土。傘狀器蓋，除菌狀鈕稍有不同外，其傘狀並帶高低子母口特徵的器蓋在樟樹樊城遺址下層就出土多件。此外，像側扁足盆形鼎、釜、鉢、高圈足淺盤豆、平底盃及各種形式的罐形器等也都可在新石器時代古老文化中找到相同或相類的雛形。李伯謙曾經指出：「儘管至今尚未發現吳城文化與當地新石器時代晚期原始文化的直接聯繫，但一些跡象表明，其中的主要因素可能主要是由當地的原始文化發展而來。」[42] 上舉的一些線索和跡象，無疑有力證明了李氏分析的正確性。

丁組陶器有：鼎、甗形器、高頸筒腹圜底罐、高頸圓肩削腹罐、垂腹罐、球腹罐、溜肩甕、圓肩甕、帶把鼎、帶把鉢、帶系罐和提梁罐等（圖 14），以圜底器或圜凹底以及帶把為主要器物特徵。本組器物的主要特點是陶器中幾何印紋硬陶比例較大，但釉陶和原始瓷所占比例不大；陶色以褐灰為主，紋飾以方格紋、編織紋、凸方格紋、雲雷紋和葉脈紋為主，流行雙圓餅形泥釘組成的蝶形鈕和三爪形鈕（有的稱拳握形鈕），所有幾何印紋，紋路不僅比甲、乙組而且比丙組的都要深，且較錯亂，其裝飾手法基本都為拍印，同時，陶器製作的輪制痕較為明顯，大多數器物的沿部、領部或腹部都遺留下有獨具特色的輪旋紋。本組陶器是贛東北地區萬年青銅文化的主要陶器組合，有其自身獨立發展過

42　參見李伯謙：《試論吳城文化》，《文物集刊》第三輯，文物出版社一九八一年。

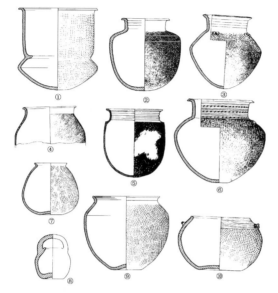

圖14　吳城文化丁組陶器
①形器　②⑤高領筒腹圓底罐　③⑥高領圓肩削腹圓底罐
④溜肩甕　⑦垂腹罐　⑧提梁罐　⑨圓肩甕　⑩斂口罐

程和演變序列。從現有考古資料考察，那種甑形器最早為樟樹樊
城堆下層原始先民所使用，後為吳城文化所普遍繼承，但在萬年
文化中不僅使用也早，而且是作為一種獨有的主要炊器，尚有自
身特色，口徑大於腹徑，輪製痕明顯，因此不排除為萬年文化居
民獨立創造的可能性[43]。那種帶把鼎、帶把鉢等帶把、帶系、帶
鋬作風的陶器，雖有可能不同程度受到寧鎮地區湖熟文化的影
響，但從其陶質、陶色及印紋風格看與萬年文化其他陶器完全一

43　參見江西省文物考古研究所：《吳城》，科學出版社二〇〇五年。

致，是一有機的整體，而且我們應注意到，在同處於一個地區的新石器時代末期社山頭第三期文化中 就曾發現有帶把柄的釜形鼎等，這一跡象和線索同樣表明丁組陶器當主要應是淵源於本地本土新石器時代原始文化。吳城文化和萬年文化是商時期贛境地區並行發展的兩支青銅文明，吳城文化中出現一些萬年文化因素陶器無疑是相互交流、融合的結果。

以上四組陶器群共同構成了吳城文化的典型文化特徵，但四群陶器中，以丙組陶器群為其基本和核心，它開始出現於吳城文化一期，以後日趨增多，到二期以後不僅數量較多，而且愈益表現出其穩定性和生命力。甲、乙組陶器都是經過改造而變體了的商器和先周器，從某種意義說，它也已經是被異化、創新成了吳城文化居民常用陶器的有機組成部分，或者說成了本土丙組陶器的有機補充。甲組陶器雖經改造和變異，但在一期早、中、晚段不僅數量較多，而且顯得極為活躍，尤其在贛江下游地區，似乎給人就是中原商文化的錯覺，但從二期文化開始，數量日趨減少，斝、爵等已消失，其他幾有被丙組和乙組陶器代替之勢；乙組陶器中的小口折肩罐類雖在一期就已出現，但更賦典型先周因素的聯襠鬲和癟襠鬲卻到二期早段即相當殷墟早期才開始出現，甲、乙組陶器在吳城文化中的前後出現及其消長的變異情況和表像如實再現了這樣一個史實，即從四千年前後夏文化開始南漸後，到商代中期的二里崗時期，商文化強大的輻射力已越過大江播及湘、贛地區，大大推進了吳城方國文明的形成與發展，其對贛境地區吳城方國的影響力比西邊關中地區先周文化對它的影響時間要早，輻射力要強，當然，這種錯綜複雜的影響也是不斷變

化的，隨著商王盤庚遷殷，政治重心的北移，對南方的影響力可
能就要相對減弱，而與此相反，西方先周文化卻可能乘此空隙，
沿著漢水早已開闢的古道加速了對贛境地區的滲透，聯襠鬲、癟
襠鬲的出現和流行就是有力明證，在屬吳城文化二期的新幹大洋
洲商代大墓中，出土的已復原的二十六件陶鬲，都是聯襠（加癟
襠）鬲，商式分襠鬲基本不見[44]；此外，出土陶器中有大量的小
口折肩罐、折肩甕、折肩尊等折肩器類，值得特別注意的是，這
些折肩器都是經當地陶工的手進行改造和變異的產物，又基本都
是釉陶、原始瓷或硬陶質，這同樣說明先周文化進入贛江流域
後，並未取代本土文化，而是很快被融合於吳城文化之中，共同
推動著吳城方國文明的發展、壯大，最後使之成為贛江中下地區
的政治中心。

二　頗具特色的青銅器

　　屬吳城文化的青銅器，目前僅在樟樹的吳城（圖 15）、橫
塘和新幹大洋洲等地出土，其他吳城文化系的遺址中只有少量青
銅工具或兵器的發現，時代大多數屬吳城二、三期。在贛江中、
下游和贛西吳城文化分布區內的的樟樹、宜豐、新余、新建、永
修、德安等地先後零星出土有大型樂器銅鐃二十三件[45]，其中與

44　原發掘報告中稱有分襠鬲，實有誤，可參見孫華：《商代長江中游地
　　區考古的新識識》，《南方文物》二〇〇〇年第一期；彭明瀚：《吳城
　　文化研究》，文物出版社二〇〇五年版。
45　參見彭適凡《贛江流出土商周銅鐃和甬鐘概述》，《南方文物》

大洋洲商代大墓出土的相類銅鐃十一件。但是，出土最集中、最具代表性的還是新幹大洋洲商代青銅器群，不僅數量多，品類全，而且品質精，為中國長江以南地區所僅見。通過對這批銅器群的重點解剖和分析，無疑對我們探討吳城文化的特點和文化性質諸問題都大有裨益。

根據新幹大洋洲遺存反映出的基本形制、遺物的器類、分布狀況、處理方式及其與其他不同考古學遺存之比較研究，發掘者初步推定該遺存屬墓葬的可能性較大。同時，絕大多數學者根據新幹大墓出土青銅器、玉石器特別是陶瓷器的分析以及和吳城遺址出土物相比較，並參照有關碳十四年代測定資料，推定大洋洲墓葬的下葬年代在商代晚期前段，即相當殷墟中期，具體年代大致在距今三千三百年前後[46]。

大洋洲大墓作為一個遺存單位，出土文物千餘件，四七五件青銅器中，可分為禮器、樂器、兵器、工具和神雜器五大類[47]。

青銅禮器有鼎、鬲、甗、瓿、豆、盤、罍、壺、卣和瓚等十

一九九八年第一期，文中統計為十九件，後在永修出土二件，在新建生米附近贛江邊的圩沙中挖出二件，前者見徐長青：《江西永修發現商代青銅鐃》，《南方文物》二〇〇二年第二期；後者為筆者在一收藏家中所見。

46 參見李學勤《新幹大洋洲商墓的若干問題》，《文物》一九九一年第十期；孫華：《商代長江中游地區考古的新認識》，《南方文物》二〇〇〇年第一期；施勁松：《長江流域青銅器研究》，文物出版社二〇〇三年版。

47 參見江西省文物考古研究所等《新幹商代大墓》，文物出版社，一九九七年版。

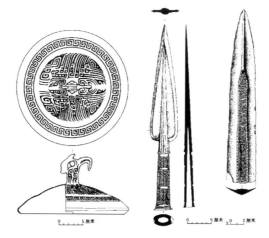

圖 15　鳳鳥青銅器蓋和矛、劍

種計四十八件，樂器有大鐃、鎛兩種計四件。從其型制特點和紋飾作風考察，這些青銅禮樂器的各自具體年代早晚跨度較大，大體分屬早、中、晚三個不同時期的遺物：早期屬二里崗期的數量較少，只有虎耳乳丁紋大方鼎、弦紋錐足鼎、獸面紋淺腹錐足鼎、小斝形扁足鼎、三足提梁卣等七、八件；中期屬相當於二里崗上層到殷墟早期之間即所謂過渡期的，有柱足圓腹鼎、獸面紋方鼎、分襠鬲、假腹盤、帶門方鼎、假腹豆和瓚等十餘件；晚期屬殷墟早中期的數量特多，如滿花的獸面紋方鼎、扁圓虎形扁足鼎、燕尾紋深腹錐足鼎、立鳥耳斝足鼎、圓渦紋柱足鼎、四羊罍、鬲鼎、方腹卣、立鹿大甗、三足甗、冀耳壺和樂器大鐃、鎛等，幾占百分之七十以上。在一個遺存單位居然出土不同時代的青銅重器，表明當時對青銅器的極為珍視，對祖先遺留下的青銅器仍繼續使用，有的青銅器至今尚留下修補、改鑄的痕跡也是重

要證據。

對新幹大洋洲出土的這批青銅禮樂器，粗略一觀，會讓你感到這都是中原商器，但只要細細揣摩，就不難發現它們之間有著比較複雜的情況：

有的器類造型和紋飾甚或裝飾部位都和中原商器完全一樣，即所謂殷商式，如弦紋錐足鼎、三足甗、分襠鬲、四羊罍等（圖16），但數量較少。

更多的情況是，基本造型是中原的，但卻進行了局部的改造

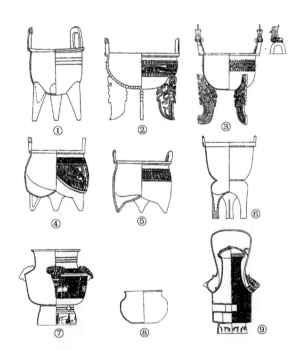

圖16　殷商式銅禮器
①弦紋錐足圓鼎　②立耳扁甕狀足圓鼎　③鳥耳扁甕狀足圓鼎
④⑤分襠鬲　⑥三足甗　⑦四羊罍　⑧瓿　⑨方腹卣

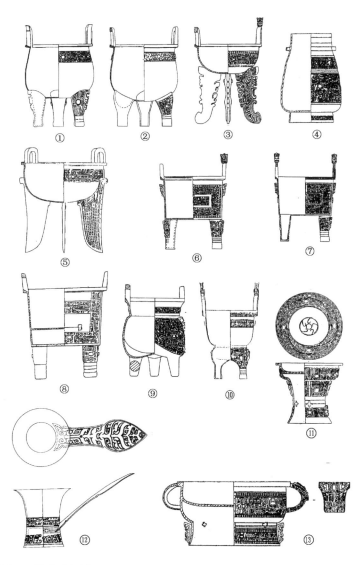

圖17　融合式銅禮器

①獸面紋柱足圓鼎　②圓渦紋柱足圓鼎　③虎耳扁虎足鼎
④獸面紋貫耳壺　⑤魚鰭狀扁足鼎　⑥⑦獸面紋方鼎
⑧雙層底帶門方鼎　⑨鬲鼎　⑩立鹿大瓶　⑪假腹豆　⑫瓚　⑬假腹簋

和加工，即所謂兼具有商文化因素和土著地方特色的「融合型」青銅器[48]，有的學者稱為「混合型」[49]或「地方化了的中原型」[50]，如柱足圓腹鼎、虎耳方鼎、虎耳扁虎足鼎、扁虎足鼎、貫耳壺、獸面紋方鼎、魚鰭狀扁足鼎、立鹿大瓢、鬲鼎、瓚、假腹簋和假腹豆等（圖 17）。顯然，這些青銅器的形制祖型都是中原的，但有的立耳上加臥虎加立鳥加幼鹿；有的器底加三條腿，有的器底三腿加一腿變成四腿；有的變單層為雙層底；有的器腹開一可以啟動的小門等；在裝飾特徵上，有的也不同程度地變化出一些新花樣，如有不少獸面紋變異為虎面羊角紋，有的扁夔狀紋變化成魚鰭狀紋，特別是在一些容器上穿插和陪襯一些幾何形圖案，諸如方格紋、雲雷紋、勾連雷紋、斜角雷紋、曲折紋、旋渦紋、蕉葉紋、鱗片紋、三角紋和燕尾紋等，其中以燕尾紋運用得最為廣泛和普遍，而這種燕尾紋不僅在中原的商周青銅器上所未見，就是南方其他地區的商周青銅器上也不多見，它是商時期贛江流域廣為流行的一種富有濃郁地方特色的幾何圖案。

此外，還有少數幾種是地道的土著青銅器，即器物造型完全是贛江流域古代居民的獨特創造和發明，在中原地區商文化中從未見過，如折肩鬲、三足罐形提梁卣、瓿形鼎以及樂器大鐃、鎛

48　參見彭適凡：《江西新幹出土商代青銅禮器研究》，《青銅文化研究》第一輯，黃山書社，一九九九年。

49　參見熊傳新：《湖南商周青銅的發現與研究》，載《湖南省博物館開館三十周年暨馬王堆漢墓發掘十五周年文集》，一九八六年。

50　參見鄒厚本：《甯鎮地區出土周代青銅容器的初步認識》，《中國考古學會第四次年會論文集》，文物出版社一九八五年。

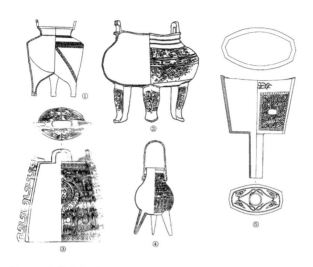

圖 18　土著式銅禮器
①折肩鬲　②瓿形鼎　③鎛　④三足罐形提梁卣　⑤雲紋鐃

等（圖 18）。那種折肩鬲造型，是鑄銅匠師取小口折肩罐的上部和陶鬲下部而設計鑄造的一種獨特的新容器，足襠部所飾「＜」字形的曲折紋，和其他陶器上出現的曲折紋一樣，唯曲折紋線條較粗，它是贛境地區三千多年前廣為流行的一種幾何紋飾。又如三足罐形提梁卣，器身如魚簍形陶罐，三橢圓空心錐足外撇，繩索狀提梁，頸和腹部滿飾寬平線條構成的獸面紋。此種卣，既不像中原商代的卣或壺，因中原的卣或壺都沒有帶三足的，也不像中原商代的盉，因中原的盉雖有的帶三足卻又都帶流，我們姑且將其定名為卣，但腹部像魚簍形罐，下鑄三空心錐足，是南方地區特有的一種盛酒器。至於青銅質的生產工具特別是兵器，無論其形制類別和風格其土著特色就更為濃厚（圖 19）

　　上述三類青銅禮器中，第一類殷商型青銅器，不排除有的是

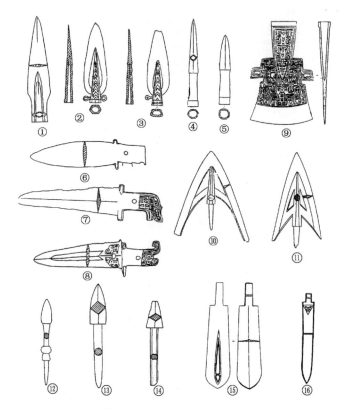

圖19　土著式銅兵器舉例
①短骹矛　②③特短骹矛　④⑤異形矛　⑥琵琶狀戈　⑦虎首戈
⑧鳥喙狀戈　⑨帶鑾鉞　⑩長脊寬翼鏃　⑪長脊窄翼鏃　⑫無翼鏃
⑬⑭無翼四棱鏃　⑮寬刃劍　⑯匕首

通過戰爭征討或雙向交往等形式直接從中原傳入，如在標本〇三三號分襠圓肩鬲的一立耳側面陰鑄一「」族徽徽號；在兩件直內戈的內部近闌處（標本115、116）鑄一「」（釋丙）字銘刻，「」應是中原的一個氏族，傳世銅器中就有帶「」銘刻的

卣[51]，又如一九七七年小屯十八號墓也曾出土有帶「冈」銘的鼎[52]，這些在形制上和中原完全一樣又有中原氏族徽記的青銅器，無疑是中原直接輸入品，但是更多殷商式青銅器還是吳城方國居民模仿中原商器在本地鑄造的。第二類融合型青銅器數量特多，這一方面表明，新幹大洋洲出土青銅禮器的器類和造型基本都是仿中原殷商器的，只有少數是贛江流域土著居民的獨特創造；另一方面又說明，這批青銅禮器不論是第三類土著型還是第二類融合型青銅器也都是當地土著居民所鑄造，而且，吳城文化居民在仿製和學習中原青銅器的鑄造過程中，決不是簡單的一加一或二減一的模仿，其本身就是一個創新的過程，模仿者在仿製時必定要充分地表現、融合自身民族的喜怒哀樂、宗教信仰、審美情趣及其文化傳統，尤其在鑄造作為禮制象徵的青銅禮樂器和神器上，比如一號乳丁紋虎耳大方鼎，顯然是模仿鄭州二里崗商人的同類器而鑄造的，但吳城居民在其方鼎上加鑄兩隻形象生動的臥虎，使整個造形顯得奇特、威嚴和壯觀，這無疑應是鑄器者某種信仰和崇拜的反映。正是從這意義上，有的學者認為融合型一類青銅器就是土著地方型青銅器，這也不無道理，「既然在器型或裝飾紋樣方面作了改造，注入了作器者的思想觀念和審美意識，已賦予器物新的內涵，就是地方型器物」[53]。這樣，屬地方

51　《三代吉金文存》卷十二。

52　參見中國社科院考古研究所《安陽小屯村址的兩座殷代墓》，《考古學報》一九八一年第四期。

53　參見彭明瀚《吳城文化研究》，文物出版社二〇〇五年。

型青銅器就占了大洋洲青銅禮器的百分之七十以上。

　　大洋洲青銅禮器絕大部分為本地鑄造的事實，再次證明贛江流域的的青銅鑄造工藝儘管表現出與中原商文化的統一性，但又有其自身的一些特色，有其悠久的歷史和深厚的根基。僅據現有考古資料，在吳城文化一期晚段開始就曾出土有刀、鏟一類簡易的小件工具和鑄型石範，這表明當商代中期中原文化以空前規模向南方擴展的時侯，贛江流域就已經有了簡單的青銅鑄造技術，但隨著中原先進的陶範鑄銅技術的傳入，到吳城文化二期及三期早段時，吳城文化的青銅鑄造技藝水準得到急遽提高和空前發展，最集中體現就是學習中原用陶範技術鑄造各種青銅禮器，從吳城遺址出土一批鑄造工具與兵器的石範來看，又表明當時的生產工具和武器多數可能仍是沿用傳統的石範法來鑄造。

　　總之，根據上述對大洋洲青銅禮器的定性定量分析，我們初步推論，新幹大墓所反映出的文化性質決不能簡單地看作是中原的商殷文化，而是屬於具有濃厚地域特色的吳城青銅文化的有機組成部分，它的發現再次證明，遠在三千多年前，贛江流域確曾有著一支與中原商殷青銅文明有別的土著青銅文化，有著一個與中原殷商王朝並行發展的方國文明。從新幹墓地的規模之大、出土文物數量之多、等級之高來看，墓主人可能就是吳城方國的最高統治者或其家族。

　　此外，大洋洲青銅群的文化屬性還可從禮器的組合來看。新幹出土青銅禮器中，容器的器類很多，可分炊煮器、盛食器和酒器等類，炊煮器達三十八件，約占容器總數的百分之七十九；盛食器二件，約占容器總數的百分之四左右；酒器八件，約占容器

總數的百分之十六點六。這裡，不難看出，新幹青銅禮器組合中，是以炊煮器最多，加上盛食器即所謂飪食器，竟占到容器總數的百分之八十三以上，而酒器很少。此第一。第二，炊煮器中又以鼎為主，達三十件，約占炊煮器的百分之七十九，也占到全部容器的百分之六十以上。第三，不僅鼎的數量最多，而且大件和厚重的較多，種類也齊全多樣，諸如有錐足鼎、柱足鼎、方鼎、扁形夔足鼎、瓿形鼎、鬲鼎等，幾乎囊括了中原商殷時期「鼎」的所有品類，還有的是中原未見的。第四，很少的酒器中，只有盛酒、貯酒和挹注器，基本不見飲酒器，更不見一件中原商殷文化中常見的觚、爵、觶等酒器。

大洋洲墓地隨葬青銅禮器以炊煮器為主的情況，和商殷墓葬中隨葬青銅禮器以酒器為主的情況形成鮮明對比，前者似可稱為「重食的組合」[54]，後者郭寶鈞稱之為「重酒的組合」[55]。早在商代中期的二里崗時期，隨葬禮器以酒器為主的「商禮」特徵就日趨明顯和突出，如鄭州白家莊三號墓出土九件銅禮器中[56]，只有三件炊煮器（鼎），其他六件均為酒器（爵、觚、斝各二、罍一）。再如盤龍城遺址出土可復原的青銅容器一八六件，其中鼎、鬲類炊煮器只有二十七件，而酒器竟達一五九件，占到整個

54 參見彭適凡、彭明瀚《殷墟婦好墓與新幹商墓比較研究》，《南方文物》一九九二年第二期。

55 參見郭寶鈞《商周青銅器群綜合研究》，文物出版社一九八二年。

56 參見《鄭州市白家莊商代墓葬發掘簡報》，《文物參考資料》一九五五年第十期。

容器的百分之八十六點五[57]；到商代晚期的殷墟時期，不僅隨葬禮器以酒器為多，且增加了很多新的酒器品種，以典型的婦好墓為例[58]，出土青銅容器二一〇件，其中酒器的數量就有一五六件，器類有觚、爵、偶方彝、尊、觥、壺、瓿、卣、罍、缶、斝、盂、觶、鬥等十五種之多，約占容器總數的百分之七十四。這種「重酒的組合」一直延續到商末，直至西周後期，居住在洛邑的遺民仍頑固地繼承著這一傳統禮制，體現出殷人尚酒的生活習俗[59]。

不僅如此，商殷文化隨葬銅禮器中以酒器類為多，酒器中又以觚、爵為最多，故有的學者又將中原這種「重酒的組合」稱之為「以觚、爵為核心」[60]，這裡仍以殷墟婦好墓為例，隨葬銅容器件中，不僅以酒器為多，而且酒器中又以觚（53 件）、爵（40 件）為核心，約占禮器總數的百分之四十四點三，占酒器總數的百分之五十七點四。殷墟發現四千多座墓葬，「墓中出土的禮器以青銅器數量為多，在青銅禮器中又以觚、爵器最為常見，這兩種器物往往成組出現」[61]。但是，在新幹的隨葬銅容器中，雖也

---

57 參見湖北省文物考古研究所《盤龍城》，文物出版社，二〇〇二年版。

58 參見中國社科院考古研究所《殷墟婦好墓》，文物出版社一九八〇年版。

59 參見楊錫章、楊寶成《殷代青銅禮器的分期與組合》，《殷墟青銅器》，文物出版社一九八五年版。

60 參見郭寶鈞《商周青銅器群綜合研究》，文物出版社一九八二年。

61 參見中國社科院考古研究所《殷墟的發現與研究》，文物出版社一九八五年。

有少量酒器，但一件觚、爵也未見，唯一只發現一件陶斝，吳城遺址也只出土一件銅斝，究其原因，當有可能是相當觚、爵一類的飲酒器被南方發達的原始瓷和陶器所替代，但更主要也是最深層的原因應是禮器組合方式不同所致，商殷是以觚、爵為核心的「重酒組合」，南方新幹是以鼎為核心的「重食組合」。容器組合方式的不同，不能單純看成是幾件器類的有無，實際是因「器以藏禮」（《左傳‧成公二年》），它從深層透視出他們在葬制、葬俗乃至生活習俗上的明顯差異，更概略地說，這正是禮制有別的真實反映。這種禮制上的不同，在兩地出土的青銅樂器上也有其充分反映。中原的常見樂器是小型的銅鐃和石磬，小鐃在高級貴族墓中往往三件、四件、五件的成編鐃出土，大小也依次遞減，吳城文化中則不見這類器物，而是大型的鐃和鎛，和中原的樂器判然有別。「禮，經國家，定社稷，序人民」（《左傳‧隱公十一年》）「夫名以制義，義以出禮，禮以體政，政以正民」（《左傳‧桓公二年》），因此，通過禮樂重器及其組合方式的比較研究，不僅可以瞭解墓主人的生活習尚、社會地位及其身份級別，更可反映其崇尚的禮制及文化的性質。新幹大墓禮器組合方式與商殷的不同，表明墓主人不可能是「重酒」禮制的殷人。馬承源指出：「這些大量埋存的商器，所表現的並不是商代『重酒』的禮制，而器物布局的執行者，也不會是殷人。」[62]

62 參見馬承源《新幹大洋洲青銅器參觀隨筆》，《中國文物報》一九九〇年十一月二十二日。

必需指出的是，大洋洲隨葬銅禮器以鼎為核心的「重食的組合」，不僅有別於商殷以觚、爵為核心的「重酒的組合」，而且與西周流行的以爵、觶和鼎、簋為核心的「重食的組合」也不盡相同，因為在大洋洲的隨葬銅禮器中，爵、觶、簋都未發現。

三 難以釋讀而失傳了的文字

文字是記錄語言的符號。它可以超越時間、空間的界限，通過傳達語言，來表達思想、傳遞資訊。文字的三要素是形（符號）、音（語音）、義（語義），三者是缺一不可的。文字的發明應是導源於原始的記事方法，而原始的記事方法主要有物件記事、符號記事與圖畫記事三種，而不僅僅是圖畫記事[63]。三類原始記事方法中最普遍、最大量的是用於記數，如用獸頭骨、石頭、樹枝或刻痕、結繩、契木、圖畫等。《易繫辭》：「上古結繩而治，後世聖人易之以書契。」所謂結繩而治，就是原始的符號記事的一種方法，所謂書契就是文字，從結繩到書契正反映了從原始的記事方法到文字發明的漫長而又複雜的歷史進程，但它決非是某個聖人一朝所為，而是古代先民在自身長期的生產實踐中經驗和智慧積累的結果[64]。

據目前已知的海內外考古和民族學資料，這三類原始記事的

63　參見汪寧生《從原始記事到文字發明》，《考古學報》一九八一年第一期。

64　參見郭沫若《古代文字之辨證的發展》，《考古學報》一九七二年第一期。

方法早在人類的幼年時代就已出現，到新石器時代，這幾類原始記事的方法特別是圖畫的記事方法更是廣為盛行。中國新石器時代文化中，諸如陝西西安半坡、臨潼薑寨、上海青浦崧澤、臺灣鳳鼻頭、青海樂都柳灣的陶器上都發現有刻劃和畫上的各種符號標記，尤其在山東大汶口文化陶器上還發現四種圖形標記。我省萬年仙人洞、吊桶環新石器時代早期遺址中出土的骨錐、骨笄上發現有一道道刻痕，在新余拾年山、樟樹築衛城、樊城堆等新石器時代晚期陶器上也發現有不等的刻劃符號，等等。然而，上述的這些原始記事方法，不論是物件記事、符號記事還是圖畫記事都不能認為是文字，就是那種常見的刻劃圖畫，儘管大部分圖形將成為後來文字的前身，但圖畫記事本身，包括大汶口文化中的圖案，嚴格意義上來說，都還不是文字，因為它只有表形和表意的功能，尚無充分理由證明它已具有表音的功能，只有成為形、音、義俱全的記錄語言的符號，才能稱為真正的文字。

中國真正文字的產生應該是在文明時代到來之際，故一般認為它是文明到來的重要標誌之一。據已有的考古資料，且為學術界所公認的，目前中國最早的文字應是河南偃師夏代二里頭、河北槁城台西、鄭州二里崗以及江西樟樹吳城等商代中、晚期遺址發現的陶器上的文字。

據統計，吳城遺址共發現文字與符號一一三個，它們分別刻劃在八十三件陶器和少量的石範上[65]，加上新幹大洋洲和德安陳

65　參見江西省文物考古研究所：《吳城》，科學出版社二〇〇五年。

家墩等遺址發現的，吳城文化總共發現文字或符號一六〇餘個。這些文字與符號多數為單字或兩字的，但在吳城遺址中也有四件器物上發現由四、五、七、十二字組合成辭句的。這些多字組合成辭句的器物，其中屬吳城文化一期早段的一件[66]，即刻有五個字的泥質黃陶盂，另外兩件為吳城文化一期晚段，即分別刻有七個字和十二個字的灰陶缽和泥質黃釉陶罐，另一件採集的刻有四個字辭句的泥質灰陶缽從器形看也應為一期晚段，這就說明成辭句的文字都發現於吳城文化一期（圖 20）。更有意義的是，除採集的外，其他三件多個字的器物都集中出土於一九七四秋第七號 5×5 探方中，其他還有十一件帶銘文馬鞍形陶刀，分別刻有文字十一個。燒成後刻有文字的陶質遺物如此集中出土，如果沒有理由證明它是陶器作坊區的話，應該是反映出主人對刻劃文字陶器的重現，也可想見文字在吳城文化中的成熟程度。值得注意的是，吳城文化一期發現的這批多字成句的陶文，是中原和其他地區同時期遺存中不見的，它無疑是早於殷墟甲骨卜辭的一種商代中期文字。

這些文字多刻劃於器外底部，一件因圜凹底而改刻於器物肩部，而且布列規範有序，既有從右至左順讀排列，又開始出現環讀書寫順序。其文字的構字特點是：結構簡明，沒有繁複的重迭；筆劃硬朗，沒有多餘的波折，既有利於記憶，又方便於書

66　參見原《簡報》認為同出於第五層，實誤。這五個字的書寫特點是帶筆相連，不像另兩件的多個文字都是分明獨立，頗顯更多原始性。

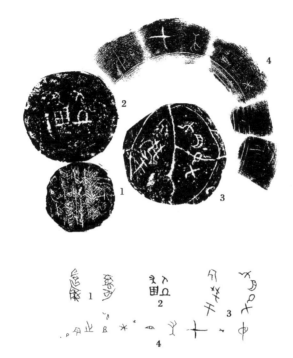

圖 20　成句記事類陶文拓本及摹文

寫[67]。屬吳城二期和三期的文字與符號發現有七十一個，占已發現文字總數的百分之六十二點九，從數量統計上看明顯是比一期時發現的多了，但卻沒有發現一件有多字組合成辭句的，都是單個的陶文或石刻文，只有少量為兩個字的，這是一個很值得注意的現象。儘管如此，二、三期文字的刻琢技術卻比一期有所進步，字體風格方正有力，圓潤流暢，開始出現用模具壓印文字的

67　參見鄭慧生《中國文字的發展》，河南人民出版社，一九九六年版。

工藝，它是在製坯前拍好紋飾之後，再把器表上的紋飾刮掉，然後用模具壓印上去。從模印文字看，其筆劃之端正，琢製之精工，顯示出高超的工藝水準，其風格與同時期的甲骨卜辭、金文相一致，顯得工整、莊重[68]。

對吳城這批文字與符號的內容，很多學者進行了深入研究，有的學者將其分為記事性、計數性和刻符三類。計數性質的文字有三十五個，它們分別刻劃或模印在三十四件器物上，經試釋分為「一」、「二」、「三」、「四」、「五」、「六」、「七」、「九」等單個數字和「十五或五十」、「十六」等合文數字。刻符類共有二十四個，它們分別刻劃二十件器物上，其內容性質應多是史前那種原始刻符記事方法遺風的反映，有的是助記符號，有的是所有者自記符號，有的可能是氏族徽記。

內涵最豐富也最珍貴的是記事性類的文字，這一類文字共有五十四個，它們分別刻劃在二十九件器物上，有單字的，也有多字組合在一起的，屬一期的四件陶器上多字組成的辭句，就是最有代表性的有形、音、義特徵俱備的典型文字。從這一類的單個文字來看，一方面有的文字明顯表現出與鄭州二里崗、槁城台西遺址發現的陶文以及殷墟出土的甲骨卜辭相同或相近，如有、五、土、中、祖、甲、網、田等字，還有一些象形文字如齒、刀、矢、戈、目、月等。鄭州二里崗 T30 出土肱骨上所刻「屮」

68　參見周廣明等《清江吳城遺址第六次發掘的主要收穫》，《江西歷史文物》一九八七年第二期。

字[69]和淅川下王崗 H34 出土陶豆豆把上刻劃的「屮」字[70]與吳城發現的可謂一模一樣。這些都足以說明，從商代中期開始，流行於南國的吳城文字就與中原商殷文字有著某種聯繫，這無疑和商中期中原商文化對南方的空前規模的擴展有密切關係。只是有的學者將吳城出土的一九七四秋 T7 ⑤：四十六折腹罐頸部刻文中的「畄」字釋為「上甲」合文，謂此組陶文是祭祀殷之先祖上甲微的記錄[71]，實際上，該字的結構不作「田」和「⊕」形，而是「畄」形，結構完全一樣的字在吳城三期的一件陶鬲上（1974 秋 ET9H11：10）也有發現，這就證明乃是摹寫之誤，當非上甲之合文。因此，據此就推定吳城文化居民與殷人祭祀共同祖先並進而證明與中原同一語言文字、屬於同一文化系統的結論就有進一步研究的必要。另一方面，我們還要看到，吳城陶文有一些與商周文字絕然不同，它有其自身的文字系統，它比之甲骨卜辭較多地保留著原始因素，如五（乂）、在（↓）、甲（十）、木（米）等字，在半坡彩陶器上的刻符和鄭州二里崗出土的刻劃文字或記號中是可以見到的。更有相當一部分字是中原所不見的，如陶缽上的「𢁅」字，似是一種表示事物的圖像文字。何天行認為，「𢁅」字的「｜」為桿，猶如船的桅桿，桿上所懸如帆物，右邊是半帆的形狀，它似是和南方民族如「越人便於舟」有關聯的文

69　參見《鄭州二里崗》，科學出版社，一九五九年。

70　參見河南省文物研究所：《淅川下王崗》，文物出版社，一九八九年。

71　參見趙峰《清江陶文及其反映的殷代農業和祭祀》，《考古》一九七六年第六期。

字[72]。又如石範上琢刻的「仐」字，我們認為有可能是表示干欄式建築的圖形文字，上面人字形作兩坡式，且跳簷出外，是「長脊短簷」式（即干欄式）房屋的類比，其字形結構正好與樟樹營盤里遺址上層出土的干欄式建築剖面形制相合。特別是屬一期陶器上文字比較多的即五、七、十二個字組合成辭句的文字，除少數單個的尚可釋讀外，大部分目前似都難以理　其真正含義，正如唐蘭所指出：「尤其是一期遺物中，灰陶缽的七個字和黃陶盂的五個字，更為突出，很可能是另一種已經遺失的古文字，到二期、三期受殷文化的影響比較深後，這種文字就不多見了。」[73] 裘錫圭也指出，這批文字與符號「地方色彩比較濃厚，與古漢字的關係還有待進一步研究。」[74]

綜上所述，吳城文化一期文化有著多字組合成辭句的文字，而且多數文字至今難以辨識，是自成系統的南方文字，而到二、三期時，雖然發現的文字個體很多，但多是單字的，其文字多與殷墟甲骨文相同或相類，而土著的自身系統的文字少見了，這兩種不同系統的文字在吳城文化發展過程中所表現出的相互消長的變化情況，正好與吳城文化整體發展過程中商文化因素與土著文化因素相互的消長變化情況相反，以日用陶器為主要內涵所表現

72　參見據何天行先生給江西省博物館的來信。

73　參見唐蘭《關於江西吳城文化遺址與文字的初步探索》，《文物》一九七五年第七期。

74　參見裘錫圭《解放以來古文字資料的發現和整理》，《文物》一九七九年第十期。

的商殷文化因素，在吳城文化中是越早就越濃，到二期早段後，地方土著文化愈顯活躍，商殷文化因素日趨減弱，及至三期晚段幾全被地方土著青銅文化所控馭。這種相反的表徵，我們只能作如是的解釋：當中原鄭州二里崗及其在江漢流域的據點盤龍城的商文化極力向南擴張之際，給了贛江流域的土著青銅文化以極為強烈影響，這尤其表現在日用生活用具陶器及青銅禮器的鑄造上，二里崗的文字雖然也隨之傳入此地，但似乎並沒有掀起多少浪花，因為本地早已孕育出自身的文字系統，甚至其文字的成熟及發展水準似有高於二里崗和槁城台西陶文水準，在這種情況下，土著居民自然要頑強地保留著自己的文字傳統。然而，到了商代晚期，也即吳城文化的二期早段以後，雖然殷商文化的影響力相對減弱，但隨著先進而成熟的甲骨文的興起和南傳，儘管吳城文字的某些因素也被殷墟第一期甲骨所借鑒和吸收[75]，但相比之下，吳城文化土著文字系統總的尚顯得滯後和不很成熟，從而中原系統的甲骨文字自然得以在吳城文化中廣為推廣，為底層的廣大陶工所接受。

75　參見彭明瀚《商代青銅鑄 蠡測》，《南方文物》一九九五年第二期。

前已述及，贛境地處長江中游南岸，在中原夏商文明相繼影響和刺激下，加速了此一地區原始氏族制解體而步入文明時代，至商代中期，贛江中、下游地區吳城方國文明開始形成，到商代晚期，吳城方國文明達到鼎盛時期。與之相應的是農業、畜牧業、手工業、漁業以及商業、交通、運輸業都在原有基礎上得到長足發展，尤其是農業和手工業中的銅礦採冶和銅器鑄造、陶器和原始瓷燒造、玉器的琢制等門類更有其特色和水準。而從事這些經濟活動的主人，既有來自中原的商民族，但更多的還是原有的土著民族，即揚越先人，他們與南來的商人一道，為贛江流域的早期開發，為創建吳城方國青銅文明作出巨大貢獻。

第一節 ▶ 農業與畜牧業

恩格斯曾指出：「農業是整個古代世界的決定性的生產部門。」[1]中國自古以來也是以農業為基礎的國家，即所謂「民以食為天」、「國以農為本」。吳城方國的經濟基礎也同樣是以農業為主體，這在考古發掘的出土物中得到充分證實。商代吳城方國境內的農業，已不停滯於新石器時代晚期以來那種「砍倒燒光」的原始農業水準，而是進入「耜耕農業」階段。表現在如農業生產工具、耕作技術、農業管理等諸多方面都有新的發明和創造，這也是我

---

1 恩格斯：《家庭、私有制和國家的起源》，《馬克思、恩格斯選集》第四卷，一九六六年，第 136 頁。

國古代傳統農業技術寶庫中不可少的精華。在農業發展的基礎上，畜牧業、漁業、手工業和商業交通等也隨之發展，即推動了整個社會經濟的快速發展，推進了整個社會文明發展的進程。

　　贛境地區地處長江中下游相交的長江南岸，有著較優越的農業生態環境。據自然科學家用自然科學手段對華北地區古氣候的研究[2]，商周時期，年平均氣溫比現在高約攝氏二度，他們認為，某一區域年平均氣溫下降攝氏二度，就等於將該地向北推移二〇〇至三〇〇公里，相反，若上升攝氏二度，就等於將該地南移二〇〇至三〇〇公里。建國後的考古資料也印證了這一推論。據此，在商周時期，華北地區的氣候當與今天的長江流域相當，屬亞熱帶氣候；長江流域也比現在的氣溫要高，即大致與今天珠江流域相近，這種濕熱的氣候條件，無疑為以水稻種植業為主的農業生產的發展提供了良好的自然環境。

一　農業生產工具

　　生產工具是一個社會在一定時期生產力發展水準的物化形態，是認識該社會經濟形態的一個很重要的因素。馬克思說：「動物遺骸的結構對於認識已經絕跡的動物機體有重要意義，勞

2　參見周叔昆等《對北京市附近兩個埋藏泥炭沼的調查及其孢粉分析》，《中國第四紀研究》一九六五年第一期；賈蘭坡等：《桑乾河陽原縣丁家堡水庫全新紀中的動物化石》，《古脊椎動物與古人類》十八卷四期，一九八〇年；程洪：《新史學：一年來自然科學的挑戰》，《晉陽學刊》一九八二年第六期。

動資料的遺骸對於判斷已經消亡的社會經濟形態也有同樣重要的
意義。」[3]所謂「勞動資料的遺骸」相當大的重要部分就是考古
發掘品中的農業生產工具，因此，它是研究和再現古代農業生產
狀況及發展水準的極為重要的實物資料，具有很高的學術價值。

據有的學者初步統計[4]，吳城文化諸遺址出土農具總數約在
二〇〇〇件以上，種類繁多而又成套，製作精工而又富有特色，
按工具的質料分有石、木、骨、陶和青銅五類；按工具的器類分
有起土、中耕、收割和加工脫粒四類。在商代五類質料農具中，
不論是中原還是南方，無疑當仍以石、木器為主，因木器易朽難
以保留下來，實際運用當很廣泛，但是已開始使用不等的青銅農
具，尤其在南方的吳城方國，僅新幹大洋洲商代大墓就出土青銅
農具二十五件之多，這些生產工具，多為實用器，其中諸如犁、
鋤、耙、鏟等十六件農具上飾有較精細的花紋，似作典禮之用，
但仍是帶實用性質的禮器，有的農具上鑄有供插銷固定之用的穿
孔就是有力明證，推測應為當時方國的統治者即墓主人行「親
耕」之禮時所使用之農具。殷墟甲骨卜辭中就有商王「觀耤」、
「崔藉」、「王禾」、「省黍」的記錄：

「己亥萄，貞，王往觀耤」　　　《合集》三四二〇
「王其崔耤，惟往。十二月。　　《合集》九五〇〇
「甲子卜，王禾」　　　　　　　《合集》一九八〇四

3　馬克思：《資本論》，第一卷，第 204 頁，人民出版社，一九七五年。
4　參見彭明瀚《吳城文化研究》，文物出版社，二〇〇六年。

「王勿往省黍」　　　　　　　　　　《合集》九六一二

　　所謂「耤」指的都是農耕之事，所謂「觀」、「蓮」、「省」
者即商王親自巡視農田耕作甚或直接參與某項農事活動的情況。
新幹大墓這批農具出土時，不少都留有絲織品包裹的殘跡，足見

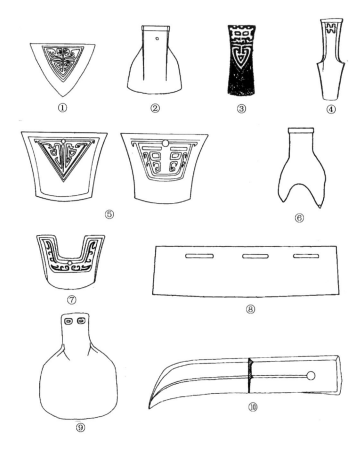

圖1　吳城文化青銅農具
①犁鏵　②方鑿溜肩鏟　③鋖　④钁　⑤耜（正、反兩面）
⑥耒　⑦銛　⑧鈺　⑨橢圓鑿溜肩鏟　⑩鐮

其十分珍貴。從種種跡象判斷，南方青銅農具的使用似有超過中原商殷王朝之勢。

1. 起土工具

主要有钁、鏟、耒、耜、鍤、犁鏵等。斧、錛一類也出土不少，是古老的生產工具，在石器時代是原始農業開荒墾地的主要農具，但到商周時期，農業已脫離砍倒燒光的階段，故斧、錛作為農具的作用已大為減弱，主要轉為手工工具。

钁，新幹大洋洲出土一件。方銎長體，銎深約為全器的四分之二強，雙斜肩偏下，直體狹刃，刃口平齊。整體形似長銎有肩窄口斧。銎口加寬邊。兩面近銎部飾正反相對的刀羽紋，肩以上兩側邊沿均飾條帶狀的「V」字形折線紋。通長十四點八釐米、銎深七點五釐米、銎徑 4.4×2.3 釐米、肩寬五點七釐米、刃寬二點八釐米（圖 1—④）。

钁是一種直銎式空首深掘或鬆土農具。其裝柄方法是在銎的頂部銎口插入長方形木塊，在木塊上橫鑿一孔以裝木柄，或直接安裝樹杈的彎曲木柄。《說文解字》：「钁，大鋤也。」《國語·齊語》：「惡金以鑄鉏、夷、斤、欘，試諸壤土。」韋昭注：「欘，斫也。」《爾雅·釋器》：「斫謂之欘。」郭璞注：「钁也。」故青銅钁當是「試諸壤土」的農具無疑。黃展嶽氏將钁類分為長條形钁、有孔钁和帶齒钁三種[5]，陳振中氏則認為商周時期的青銅

---

5 參見黃展嶽《古代農具統一定名小議》，《農業考古》一九八一年第一期。

鑺均為長方體，主要有長矩形、凹形和橫銎三種形制[6]，比照新幹大洋洲的這件青銅鑺，應屬於長條形鑺類，基本符合其諸如長身，窄刃，長寬約為三比一，側視為等腹三角形（楔形），平口刃，頂中空，銎深約為全器的四分之三等特點，但是最大的奇特處即帶雙肩的特徵，為中原各地所未見，它是南方地區特有的一種用以起土的鑺類農具，當是源於本土新石器時代以來常見的那種雙肩石器。

鏟，吳城方國居民使用的鏟有石、木和青銅三種質地。在很多吳城文化遺址中均有石鏟出土。在瑞昌銅嶺礦冶遺址的商代礦井中還出土了五件木鏟[7]，三件長柄，只一件短柄呈尖狀，鏟身均較短而窄，鏟面平，刃部平齊或略有圓角，但有斜溜肩、斜圓肩和方折肩等四種形制。這批木鏟連柄較完整保留下來極為可貴，它既可用於礦山鏟土，同樣也應可用於農耕。有意義的是，那種斜溜肩木鏟形制和浙江余姚河姆渡新石器時代木鏟基本相近。

吳城文化諸遺存中至今還出土有十三件青銅鏟，根據其特徵可以分為方銎方肩、方銎溜肩和橢圓銎溜肩三種形制：

方銎方肩鏟一件，南昌市郊出土[8]。整體呈梯形，銎部飾一

6　參見陳振中《殷周青銅鑺》，《農業考古》一九八六年第一期。

7　參見江西省文物考古研究所等《銅嶺古銅礦遺址發現與研究》，江西科技出版社，一九九七年版。

8　參見彭適凡《江西先秦農業考古概述》，《農業考古》一九八五年第二期。

周凸弦紋，刃部寬於肩部並稍帶斜弧刃。長六、刃寬四釐米。

方銎溜肩鏟一件，新幹商代大墓出土[9]。鏟體梯形，方銎直通鏟體近刃部，銎口帶箍，刃微弧。出土時，銎內殘留大量朽木，器身包裹著多層絲織品。通長十四釐米、肩寬八點八釐米、刃寬十釐米（圖1—②）。

橢圓銎溜肩鏟十一件，新幹商代大墓出土。鏟體較寬近圓形，銎口帶箍，銎伸入鏟體中上部，平刃微弧。其中一件銎部正面還陰鑄長方雙目，形成簡化的人面（圖1—⑨）；另十件銎口部飾一周連珠紋。

上述青銅鏟僅新幹大墓就出土十二件，比中原殷墟婦好墓還多五件，其中方銎方肩鏟在中原地區頗為流行，而橢圓銎溜肩鏟，特別是帶目形紋和連珠紋裝飾作風的鏟在殷商文化中未見，這是吳城方國居民新鑄制的一種用以起土的鏟形器。

耒，目前只發現青銅耒一件，新幹大墓出土。橢圓銎，銎口有箍，雙扁齒，一齒鋒因長期使用而稍殘。通體素面。通長十二點七釐米、齒距八釐米（圖1—⑥）。

耒是一種最古老的挖土工具，它是由石器時代用來挖掘植物的尖木棍發展而來，後發展演變成雙齒。最早的耒和耜一樣應是木製的，即《周易・系辭》：「神農氏作，斫木為耜，揉木為耒」，只是不易保存下來，但據考古資料，在距今七千年前的河

9　參見江西省文物考古研究所等《新幹商代大墓》，文物出版社，一九九七年版。

北武安磁山遺址的坑壁上就發現留有似斧和木耒的痕跡，此後在陝西西安半坡、廟底溝、三里橋、山西陶寺以及河南偃師二里頭和安陽殷墟等一些遺址和墓葬中，都發現有在坑壁或墓壁上留下雙齒耒的遺痕，說明商周時期的中原地區，雙齒木耒仍在繼續使用。吳城文化遺存中目前雖只發現有青銅耒，而且是至今商代所見唯一的一件青銅耒，尚未發現有木耒的遺痕，但應不排除在農耕中也有較多使用。

耜，至今已發現青銅耜和木耜各一件。此件青銅耜，新幹大墓出土。三角銎寬體式，平面為梯形，平肩，刃微弧，正面中部拱起，背面平齊，銎正中有一穿對通，正背雙面均飾由勾連雲紋和方目組成的簡體獸面紋，惟正面的呈三角形，背面為梯形。長十一點一釐米、肩寬十四點四釐米、刃寬九點六釐米（圖1─⑤）。據《周禮·考工記》載：「匠人為溝洫，耜廣五寸，三耜為耦，一耦之伐，廣尺深尺謂之圳。」該書成書於東周時期，當時的尺度據傳一九三一年在河南省金村古墓中出一銅尺，現藏南京大學，銅尺長二十三點一釐米，五寸則合十一點五五釐米，則耜廣五寸即刃端寬度為十一點五五釐米，新幹出土青銅耜的尺寸基本與之相近。

木耜一件，九江神墩商代水井出土[10]，直柄，雙平肩，體中空成兩齒但前端不分而呈方形。通長八十八釐米。

10　參見江西省文物工作隊等：《江西九江神墩遺址發掘簡報》，《江漢考古》一九八七年第四期。

新幹青銅耜是至今發現年代最早的銅質耜，為我們正確瞭解這種農具的狀況和使用方法提供了極為可貴的資料。早年，吳城遺址曾出土一完整單扇的耜範[11]，製作相當精細，灰白色粉砂岩質，身近梯形，微弧刃，中脊凸出，短柄呈扁橢圓，形制與新幹出土青銅耜基本相同。該範近刃部一端，其側有淺凹槽，近柄端兩側也有斜形凹槽，那是為了使雙扇合範扣口緊密而製作的。耜長十七點五釐米、寬十三釐米、柄長四釐米。石耜範的出土，不僅證明青銅耜等工具為本土所鑄，而且它可用來多次重複地進行批量生產，說明青銅耜在吳城方國境有著較為廣泛的使用。

耜和耒是兩種不同農具，但東漢許慎《說文解字》則把耒和耜說成是一種農具，即所謂：「耒，手耕曲木也。」；而耜是「耒端木也。」給後世造成較多的混亂。徐中舒氏經過深入研究後指出：「耒與耜為兩種不同農具，耒下歧頭，耜下一刃，耒是仿效樹枝式的農具，耜為仿效木棒式的農具。」[12]這樣的區分是完全正確的，正好與《管子・海王篇》所云「耕者必有一耒、一耜、一銚」的記載相吻合，而新幹出土的青銅耒和耜又正好以實物證明了這一區分的正確性。

耜和耒一樣最早也應是木質的，即所謂「斫木為耜，揉木為耒」（《周易繫辭》），木耜不易保存下來，也容易磨損，後就改

11　參見江西省博物館等《江西清江吳城商代遺址發掘簡報》，《文物》一九七五年第七期。原簡報稱為鉞範，至一九八九年新幹大墓出土青銅耜後，才證實非鉞範而應是耜範。

12　參見徐中舒《耒耜考》，《農業考古》一九八三年第一、二期合刊。

用動物的肩胛骨或石頭製作耜刃綁在木柄上，成為骨耜或石耜[13]，如浙江河姆渡遺址就出土過六件木耜和一七〇多件骨耜，這種骨耜綁上木柄，在南方水田中使用，功效較高。

那麼，商周時期青銅耜的使用方法如何？新幹出土的青銅耜和九江神墩出土的木耒正好為我們提供了完滿的答案。新幹的青銅耜，即「耜下一刃」是金屬刃，必須裝上木柄才能使用；九江神墩木耜，「耜下一刃」為木質方形刃，也就是說，木耜自柄至刃端都為木質，而青銅耜除柄為木質外刃端還進一金屬耜頭，所不同的僅是後者多一金屬耜頭，如果將兩者合二為一即為完整的青銅耜，但現在神墩出土的並無金屬耜頭，說明商周時期青銅耜和木耜是並存使用的，在贛境地區同樣被廣泛地應用在挖土和整地上。

錛，青銅錛三件，早年南昌市李家莊倉庫清理廢銅時發現一件[14]，後新幹大墓出土二件，均為寬體凹字形。新幹的二件有稍許不同：一件凹口銎較深，下部較淺，弧刃，雙肩稍聳而外侈，正面拱起成弧度，背面平齊，銎口正中一穿對通，雙面近銎口周圍飾粗獷的陽線勾連雲紋，長十一點五釐米、肩寬十四點八釐米、刃寬十一釐米（圖1—⑦）；另一件凹口銎較淺，下部較深，圓角平刃，口甚薄，正面拱起，背面平齊，銎口正中一穿對通，

13　參見陳文華《農業考古》，文物出版社，二〇〇二年。
14　參見彭適凡《江西先秦農業考古概述》，《農業考古》一九八五年第二期。

無裝飾，長十三點釐米、肩寬十四釐米、刃寬十一釐米。這種凹字形鍤在河南羅山蟒張後李商代墓中曾有出土。[15]

鍤是商代新出現的一種農具，特點是直插式，古代寫成臿。《釋名》：「臿，插也，插地起土也。」最早的鍤也有木製的，與耜差不多，它是在木製的鍤刃端加上金屬套刃，就成了鍤，這和青銅耜的裝法一樣，故很容易與耜相混，許慎在《說文解字》中，既把耒與耜不分，又將耜與鍤相混，他說：「耜，鍤也。」徐鉉注：「今俗作耜」。至今還有不少學者認為鍤就是耜。實際，鍤與耜還是有區別的，主要是指金屬套刃形制的不同。鍤自商代出現後，發展於戰國，特別興盛於漢代，且多為鐵鍤。《漢書・溝洫志》云：「舉鍤為雲，決渠為雨」，說明鍤在興修水利取土中發揮著極其重要的作用。

犁鏵，青銅犁鏵二件，新幹大墓出土，均為等腰三角形寬體式，正面中部拱起，背面平齊，三角形銎，兩面均以三角形為框，內飾狀若簡體式獸面的勾連雲紋或目紋，犁面與犁背夾角均約十度，其中一件長十點七米、肩寬十三點七米、銎高一點九釐米；另一件的銎部正中一穿對通，雙面紋飾更規整流暢，長九七米、肩寬十二點七米、銎高一點六釐米（圖1—①）。

這是目前僅有的兩件經過考古發掘有明確出土地點和確鑿年代的商代青銅犁鏵，早年，山東濟南曾在廢舊品庫房中揀選出一

---

15 參見河南省文物工作隊《河南羅山縣蟒張後李商周墓地第二次發掘簡報》，《中原文物》一九八一年第四期。

件銅犁鏵[16]，李學勤認為應是商代之物。

犁鏵是農業生產最重要的起土農具，它最早起源於南北新石器時代晚期的石犁，也呈三角形，只是有的稱破土器，尤以南方出土較多。石犁上鑽有圓孔，可裝上木柄，即木質的犁架，然後靠人力牽引。新幹的三角形青銅犁鏵，應是淵源於南方新石器時代晚期的石犁，它的發現，確鑿地證明商代已鑄造和使用金屬犁鏵，只是因未發現木質犁架，故具體犁架結構不詳。有的學者研究[17]，像新幹出土的犁面與犁背夾角為十度的犁鏵，在南方水稻田中耕作，所需牽引力僅為二點六到七點八公斤，在一個人的正常拉力範圍之內，也就是說，這種犁的出土，並不能說明當時已產生牛耕，只能作為產生了犁耕的證據，而且這種犁耕也是很原始的，因為它還沒有與之配套的犁壁，只能鬆土、破土，不能翻土，不能有效提高精耕細作的程度，因而還不是嚴格意義上的犁耕。但是，不管怎樣，商代青銅犁的發現，比之原始石犁應是一大進步，這比之用耒、耜翻地工效明顯要高。《淮南子・主術訓》載：「一個蹠耒而耕，不過十畝。」而《漢書・食貨志》則載：「畝五頃，用耦耕，二牛三人。」有的學者作了比較研究[18]，百畝為頃，其耕作效率為五〇〇除以三等於一六六點六畝，用犁耕是耒耕的一六六點六除以十等於十六點六六倍。貴州黎平縣侗族

16　參見中航《濟南發現青銅犁鏵》，《文物》一九七九年第十二期。

17　參見季署行《「石犁」辨析》，《農業考古》一九九二年第三期。

18　參見楊升南《商代經濟史》，貴州人民出版社，一九九二年。

有木牛，即人拉犁耕，據宋兆麟民族學調查的結果[19]，用犁耕即使是人挽犁，其功效也比耜耕提高功效一倍。新幹青銅犁鏵的發現，當然只能說明當時的耜耕農業中已出現犁耕，這種犁耕也只是用人力挽犁，尚不能證明已有牛耕，但正如陳文華所指出，新幹銅犁的發現，「雖然沒有犁架出土，仍不明其具體結構，但從銅犁鏵的形制觀察，已和後代的鐵鏵犁相類似，因此，推測其犁架結構應和西漢畫像石上的框形犁相似，早已擺脫了石犁的原始狀態。儘管目前還無法確定商代是否使用牛耕，但青銅犁的出現為以後鐵犁的使用開闢了道路，因而在中國農具史上占有重要的地位。」[20]

2. 中耕農具

商代吳城方國的居民，已經懂得田間管理對增加農業產量的重要性，因而自然會有鋤草、鬆土等中耕作業，當時中耕的農具，除手工或是利用一些竹、木、石器之外，已開始使用青銅農具。只是，至今吳城文化諸遺存中出土中耕工具甚少。

鏟，大型鏟用來翻土，小型鏟則用來中耕除草和鬆土之類。《釋名》：「鏟，平削也。」鏟又稱為剗，《廣雅》卷十四載：「剗，古文鏟」。《齊民要術》卷一云：「養苗之道，鉏不如耨，耨不如剗。剗柄長三尺，刃廣二寸，以剗地除草。」說明鏟也是一種用來中耕除草的工具，尤其是那種較小型的鏟。前述新幹大墓中出

19　參見宋兆麟《木牛挽犁考》，《農業考古》一九八四年第一期。
20　參見陳文華《農業考古》，文物出版社，二〇〇二年版。

土的十三件青銅鏟，當然主要還是用來作起土的工具，但是有些特別是較小型者必定也作除草中耕之用。就是今天有的農具仍是一器多用，何況三千多年前的古代。

鋤，鋤是橫斫式農具，目前只發現石鋤一件，德安石灰山遺址出土，呈上窄下寬的扁平梯形，寬弧雙面刃，長十三、刃寬八釐米。同鏟一樣，大型鋤用於起土，小型鋤則用來鋤草鬆土。《釋名・釋用器》：「鋤，助也，去穢助苗長也。」

3. 收割農具

吳城方國居民的收割農具有刀、鐮和銍三種，除銍目前只發現銅質的外，刀、鐮類都有石、陶和銅質的。

刀，是最多見的一種收割農具，在吳城文化的諸遺址幾乎都有不等的出土，質地有石和陶兩種：

石刀，種類有帶柄和不帶柄兩種，以不帶柄的最多。不帶柄的形制有長方形、半月形、梯形、馬鞍形和梳形諸種，多數的近背部有一個或兩個穿孔，多直刃也有微弧刃和凹刃的。

例一，有柄石刀，吳城遺址出土。前長條形，體大，寬扁，前端殘，平背，雙面刃，刃由於使用磨損而彎曲不平，尾部略寬，柄端粗糙，但器體磨製光滑，殘長二十二釐米、寬八點五釐米、厚〇點七釐米。

例二，馬鞍形石刀，吳城遺址出土。器身較長，平背稍凹，刃略窄於背，近背中間有二小孔，孔由雙面鑽成，背長七點四釐米、厚〇點四釐米、中寬三點五釐米。

石刀基本是從新石器時代的石刀、蚌刀等沿續和發展而來，其形態保持有相當的原始性，這些不同形制的石刀，當然有的還

兼作切割和刮削之用，但主要仍應作為掐取稻穗的農具。安志敏氏經過細心研究，認為即使長方形或半月形石刀，也不能一概認定都是農具，「應該根據刃部的變化來推斷」「大體說來，直刃的是農具，也可兼作切割用；凹刃的是專作農具用；凸刃的則作切割用」[21]。這當然不無道理，因直刃特別是凹刃更有利於割取禾穗，凸刃的則效力較差，但古代恐難以絕對區分，故筆者認為這些石刀的主要功能還應和農業生產有關。

陶刀，吳城文化各遺址均有出土，僅吳城遺址就出土近二○○件。[22]形制均呈馬鞍形，與馬鞍形石刀相類，刀背內凹，兩側內傾，多單面直刃或微弧刃，也有少量凸弧刃，多雙孔，有泥灰硬陶質的，也有釉陶和原始瓷質的，有素面的，也有在雙面刻劃或壓印方格紋、圈點紋和葉脈紋等紋樣的，有的還刻有文字與符號。

這些馬鞍形陶刀，基本都是模製而成，說明其耗量較多而需要批量生產。從已發現的馬鞍形陶刀絕大部分都在中間斷成兩截來看，它們不可能是一般的裝飾品，而應是實用的工具，有的學者認為是一種製陶的手工工具[23]，但從普遍穿孔需要固定纏緊在手指以及如此講究堅硬來看，用來作為一種掐取稻穗的農業工具是完全可能的。此種馬鞍形陶刀，不僅形制特別，而且質地、裝

21　參見安志敏《中國古代的石刀》，《考古學報》第十冊，一九五五年。
22　近年整理的《吳城》正式報告中只九十二件，加上樟樹博物館和其他單位的以及歷年破損者合計近二○○件。
23　近年王傑《石刀陶刀小議》，《考古與文物》一九八○年第四期。

飾講究，在商代的中原及其它地區甚少見到，它應是南方吳城方國獨具特色的一種典型收割農具。

鐮，也有石、陶和青銅三種質地。

石鐮，是從新石器時代晚期的石鐮發展演變而來。樟樹吳城和築衛城、樊城堆上層以及修水山背上層等都有少量出土。形制有長條形、新月形、拱背凹刃形和不規則形四種，多雙面刃，也有單面刃，有帶孔的，也有無孔的。

陶鐮，目前只在吳城遺址出土二件，形制與石鐮基本相近，但值得注意的是，如同馬鞍形陶刀一樣亦為模製，這就表明，儘管目前發現的陶鐮甚少，但實際上應和馬鞍形陶刀一樣也是當時廣為使用的一種收割農具。

青銅鐮，僅在新幹大墓出土五件，為薄體長條形無齒鐮，後端較寬，前鋒下勾，單面直刃，背部有隆起的背，近內端有一穿，正面器身有凸起的中脊，刃部有明顯的使用痕跡，一般通長二十釐米、寬四點一釐米、厚〇點一釐米（圖1—⑩）

銍，只發現青銅銍一件，新幹大墓出土。長方體，體甚薄，兩邊直，刃微弧，近背脊部有並排的長條形穿三個，通體素面，沿脊部有明顯的一條把柄夾持痕跡，長二十點五釐米、寬五點二釐米、厚〇點二釐米（圖1—⑧）。

是從石器時代的長方形多孔石刀演變發展而來的，是商代新出現的一種青銅農具，從新幹出土這件銅銍脊沿的把柄夾持痕觀察，其裝柄方法也如同長方形多孔石刀一樣，把柄與刃部成平行方向，和銅鐮的把柄與刃部成垂直方向不同，故有的學者認為實

際就是銅刀[24]，這也有一定道理，但考慮此件銅銍形體較大，其功能決非一般手工工具，而應與農產品收穫有關，故還是稱銍為好，以區別於一般的石刀或銅刀。《說文解字》：「銍，茯禾穗鐮也。」《釋名・釋用器》：「銍，獲禾鐵也。銍銍，斷黍穗聲也。」說明銍確實是與收割禾穗有關的農具，功能猶如掐取禾穗的短鐮一樣。

綜觀吳城方國居民使用的的農業收割工具，特點是大量盛行陶刀（主要是馬鞍形）和陶鐮，還有就是青銅鐮和銍，石鐮較少，陶刀和陶鐮一般多是掐取稻穗，而銅鐮裝柄使用則都是割取禾杆，這比之用陶刀、陶鐮和石鐮，在收割功效和技術上都是一大進步。吳城方國收穫工具上的這種特點與中原殷商文化表現出較大差異，殷商王朝大量使用的是石鐮，當然也有少量青銅鐮，如在一九二九至一九三三年發掘的七處灰坑中，出土石鐮就有三六四〇件，僅在一個灰坑中就出土四四四件[25]，這固然反映出殷商農業經濟相當發達，需要大量的收穫工具，但也說明青銅的珍貴，尚少用於鑄造農具。

4. 加工農具

穀物是需要加工脫殼或磨碎後才能食用的，故從遠古時代起，原始居民就懂得用石棒在石塊上將野生的植物果核或野生稻

24　參見楊升南《商代經濟史》，貴州人民出版社，一九九二年版。
25　參見石璋如《第七次殷墟發掘：E 區工作報告》，《安陽發掘報告》，第四期。

穀碾磨脫殼，我省萬年仙人洞新石器時代早期遺存中就發現有粗糙的石磨盤和磨棒。《易繫辭下》：「神農氏沒，黃帝堯舜氏作……斷木為杵，掘地為臼。」說明原始時代的先民還發明了木杵和地臼來加工野生穀物。商代吳城方國的居民，稻穀的加工工具當然更趨成熟，但目前只在吳城遺址中發現有石杵和石臼。

石杵二件，一件為不規整長圓錐體，上細中粗，頂為圓錐形，下端作圓凸形，剖面呈扁圓形，長十一釐米，最大直徑三點一釐米；另一件作不規則方柱體，上小下大，頂端微尖，下端為大圓底，器表粗糙，長七點二釐米、寬二點八釐米。

石臼一件，僅存一部分，體扁圓，臼周邊圓弧，中間有一圓窩，臼窩深二點八釐米，臼窩底不平，殘厚五點七釐米，臼窩直徑八釐米，臼周邊寬約七點四釐米。

二　農作物種類

水稻是吳城方國居民最主要的農作物，此外，還兼種一些粟、桑、麻等。

1. 水稻

正如前面第二、第三章所述，自距今一萬二千年前的新石器時代早期萬年仙人洞、吊桶環的原始居民開始將野生稻馴化成人工栽培稻後，歷經距今六千年到四千年的新石器時代中期、晚期到末期，贛境地區的原始先民始終以稻作農業為主要經濟活動，諸如在新余拾年山、修水山背、九江神墩、湖口文昌洑、史家橋、永豐尹家坪、靖安寨下山以及樟樹樊城堆、萍鄉大安里、大寶山等數十處新石器時代晚期或末期遺址中都發現有稻杆或稻穀

殼的遺痕，說明水稻種植業從新石器時代以來一直是江西地區古代居民的傳統農業，這種傳統農業到距今三千多年前的商代吳城文化時，又得到了相當發展。

首先，從考古出土實物證據看，儘管過去我們在吳城遺址歷次發掘中，有如全國其他地區一樣，較少甚至沒有運用有效的植物考古學手段如浮選法去有意識地發現和獲取植物遺存，但還是在吳城文化的一些遺址中發現了稻作農業的遺痕，如在九江神墩遺址清理的商代二號水井，井內堆積分上下兩層，在下層灰褐色淤泥層即距井口六點五〇米以下，發現有很多木、竹捆、燒土塊和燃燒過的稻穀殼等[26]；又如在德安米糧鋪陳家墩遺址的一座長方形地面建築（F3）遺跡中，發現有使用摻稻殼的木骨泥墙殘跡。[27]

其次，從吳城遺址及吳城文化諸遺存中出土有大批農業生產工具看，諸如數百件帶穿的馬鞍形陶刀，無疑是用來掐取稻穗的工具，特別是新幹大墓出土的這批青銅農具，儘管有十六件器表飾有花紋，但還應該都是實用農具，犁鏵、耜、耒、鍤、鏟等的銎部截面分別為純三角形或橢圓形或方形，乃便於安裝把柄，犁、耜、鍤的銎口較淺；鐮、銍上設穿，便於系繩捆紮柄把，此外，多數的器身都留下使用痕跡，如耒的雙齒都磨損嚴重，致使

---

26 參見江西省文物工作隊等《江西九江神墩遺址發掘簡報》，《江漢考古》一九八七年第四期。

27 參見江西省文物考古所等《陳家墩遺址第二次發掘簡報》，《南方文物》二〇〇〇年第三期。

兩齒長短不一。這些銅質農具，特別是像翻土的耜、犁鏵、鍤等，對於土質堅硬、高低闊狹不等的江南水田泥耕功效更高，對於水稻的種植作用更大。

2. 粟

粟，通俗稱穀子[28]，即粟，屬禾木科狗尾草屬，去掉皮殼後籽粒小因而又稱為小米。古籍上所稱禾，有廣、狹兩義，廣義是泛指所有穀類作物，如南方的水稻也有稱禾的，但狹義的禾應是粟的專稱。粟是是耐逆性很強強的穀物，抗旱、耐瘠、耐鹽鹼，黃河中下游地區是以粟和黍為代表的北方旱作農業發源地之一，它們的種植歷史都很悠久，特別是粟，遠在距今七、八千年前的河北武安磁山仰韶文化早期遺址中就有大量炭化粟的發現，到商代，更是中原地區廣為種植的主要農作物，在甲骨文中，就有多條記載禾即指粟這種農作物的，如：

盂田禾釋，其禦。吉。刈。　　　《甲骨文合集》二八二〇三
智田禾延釋。　　　　　　　　《甲骨文合集》二八二八三
甲子卜，王禾。　　　　　　　《甲骨文合集》一九八〇四

商人除主要種植粟外，還有黍、水稻（秜）、小麥（來）和高粱等農作物，在甲骨文中都有記載。考古發現證實，小麥這種農作物是外來品，最遲在距今四千五百年前後就已傳播到中國甘

28　參見萬國鼎《五穀史話》，中華書局，一九六一年。

青地區[29]，同樣，水稻也是外來品，最遲在距今五千年前就已傳播到了黃河中下游，所不同的是，小麥是從歐亞草原地帶由西向東逐步傳過來的，而水稻則是直接從長江流域引入的。到夏、商時代，商人不僅種稻，而且稻穀在商代的經濟生活中可能占有著很重要地位。早在上世紀四十年代胡厚宣就曾斷言「黍與稻者乃殷代最普通之農作物」[30]，六十年後的今天，趙志軍根據對殷商時的自然生態環境及農作物的生長習性和規律，正確地指出，如果將黍換成粟，胡先生的「這一推斷是非常正確的。」[31]

前已述及，很早以來，黃河與長江兩河流域就有著密切的交往，通過夏文化的南漸和商文化的擴張，更推動了兩河流域的經濟、文化交流，既然中原古代居民能將江南（含贛江流域）的稻作文化帶到北方，那必然也會將中原的主要粟類旱作物帶到南方，當然至今在各省尚未發現有考古學上的物證，但值得注意的是，在同處江南的湖南地區卻發現有帶有粟類農作物品種銘文的青銅器，這就是著名的湖南甯鄉黃材寨子山出土的「人面方鼎」[32]，高達三十八點五釐米，鼎四面以四個人面作為主要裝飾，鼎內壁鑄有「大禾」兩字銘文，有的釋為「禾大」，禾者，

---

29 參見李璠等《甘肅省民樂縣東灰山新石器遺址古農業遺存的新發現》，《農業考古》一九八九年第一期。

30 參見胡厚宣《卜辭中所見之殷代農業》，《甲骨學商史論叢》第二集上冊，成都齊魯大學國學研究所，一九四五年。

31 參見趙志軍《關於夏商周文明形成時期農業經濟特點的一些思考》，《華夏考古》二〇〇五年第一期。

32 參見高至喜《商代人面方鼎》，《文物》一九六〇年第十期。

就是指粟指小米，「大禾」和「王禾」的組辭方法一樣，「王禾」
是商王親臨種禾之地；「大禾」則是指鑄鼎那一年「禾」獲得大
豐收，故鑄此富有南方特色的青銅大鼎，以作紀念。湖南帶「大
禾」銘文青銅方鼎的發現，證明商時期的湖南地區，雖以種水稻
為主，但也種穀子，長沙馬王堆一號漢墓中就出有小米餅[33]，同
樣也可佐證，商時期吳城方國居民雖以栽培水稻為主，但也可能
已兼種一些粟類旱作物。

3. 桑、麻

考古資料證明，中國是世界上最早發明蠶桑的國家，早在距
今五、六千年前的新石器時代的原始先民就已經掌握了種桑、養
蠶和繅絲的技術。[34]三○○○多年前的商代時，不僅中原商殷王
朝中心地區的蠶桑、絲織業有著較快的發展和較高的紡織技
術[35]，就是地處南方的吳城方國，其蠶桑和絲織業也有一定的發
展水準，以新幹大洋洲出土的青銅器為例，就有相當一部分青銅
器出土時還明顯附著有不等的絲麻織物或織物印痕，據對其中的
一件方內銅鉞（標本 335）表層選用紅外線光譜法測定，結果表
明為真絲，也即蠶絲；對其他諸如三足甗、方鋬溜肩鑼等十六件
織物痕跡的檢測結果，均為蠶絲平紋絹[36]，其密度不等，每平方

33　參見高至喜《湖南商周農業考古概述》，《農業考古》一九八五年第二
　　期。

34　參見夏鼐《我國古代蠶桑絲綢的歷史》，《考古》一九七二年第二期；
　　陳文華：《中國考古圖錄》，江西科技出版社，一九九四年。

35　參見胡厚宣《殷代的蠶桑和絲織》，《文物》一九七二年第十一期。

36　參見沈筱鳳等《新幹商代大墓青銅器附著織物鑒定報告》，《新幹商代
　　大墓》附錄八，文物出版社，一九九七年。

釐米經緯線有 18×16、16×10、45×44、64×14、85×25、32×8 多種。有的銅器上包裹的紡織品竟有數層之多，用絲麻織物包裹貴重的物品隨葬，看來既是中原商人的葬俗，也是吳城方國的王者貴族的葬俗之一。

考古資料也證明，我國早在五千年前的新石器時代晚期就已懂得種植大麻，商周時期，大麻的種植更為普遍，並已成為人們的主要衣著材料，殷墟婦好墓出土的青銅禮器表面附有紡織物的有五十件，經鑒定，其中有約十件為絲織物，有十件為麻織品。新幹大洋洲出土的青銅器中，有的如兩件長骹雙環耳銅矛（標本 92、93），雙環耳之間至今尚保留著固秘的麻繩，麻繩兩端各自橫向穿系而

圖 2　留有織物印痕的青銅矛

過，然後分別斜向骹端與木秘相紮，通身尚留有絲織品包裹痕（圖 2）。這些都表明商代的贛江流域，麻織品的使用也較廣泛。

此外，在九江神墩商周遺址出土過炭化的菱角和葫蘆，德安縣陳家墩遺址出土過炭化的菱角，說明商代的贛境地區已經種植葫蘆和菱角等經濟作物。

三　畜牧業的發展

隨著農業經濟的快速發展，吳城方國的畜牧業經濟活動也相應有所發展，但由於相關考古資料出土太少，故至今尚難以對方

國境內的畜牧業發展情況作出全面評估，目前只能根據少數零星資料作一些初步推論。

從全國來說，考古資料證實，從新石器時代起，牛、羊、豬、狗、馬、雞等所謂「六畜」就已被史前先民普遍飼養，「在北方，新石器時代，最早和最主要的家養動物是豬、狗和雞；在南方是豬、狗和水牛。」[37]有的認為：「北方的氏族部落主要馴養了黃牛、羊和馬，南方的氏族部落馴養了水牛、鴨和鵝。」[38]從一些零星考古資料來看，吳城方國境內家畜家禽種類主要有牛、羊、豬、狗和雞等。

如在新幹大墓出土的一件樂器青銅鐏上，器身兩面中央均飾浮雕式牛角獸面紋，雙牛角根粗尾尖，各自向上內卷，彎曲度大，幾乎連成一圓圈，從角的特徵看，顯具南方水牛的特徵（圖 3）。同於新幹大墓出土的另一件青銅大甗上，其下部鬲體也飾有四組浮雕式牛角獸面紋，雙牛角橫斜上翹，上飾鱗片紋。再如在湖口縣下石

圖 3　青銅鐏

37　參見周本雄《中國新石器時代的家畜》，《新中國的考古發現與研究》，文物出版社，一九八四年。
38　參見宋兆麟《中國原始社會史》，文物出版社，一九八三年。

鐘山商周遺址出土過一件原始瓷質的牛塑藝術品[39]，釉呈褐色，體長九點二釐米、寬三點九釐米、腹寬二點五釐米。雙眼鼓突，頭部皮下垂，尾短齊股，雖角和前腿殘斷，但形象為牛無疑，而且據動物學家鑒定，應是黃牛而非水牛的形象[40]。

　　中國飼養家豬有著近萬年歷史，就以贛境地區來說，早在五千年前的樟樹樊城堆新石器時代晚期遺存中就發現有陶塑豬飾。到商代吳城方國時期，在樟樹營盤里遺址上層出土一件錐形豬頭形器蓋[41]，尖嘴，怒目，灰褐陶質，下有較高的榫口，高七、蓋沿徑五釐米。此外，在新幹大墓中也出土了若干豬牙，特別是在湖口下石鐘山泛舟岩遺址中發現有豬的下頜骨十餘段、單個牙和上頜骨殘片件，經動物專家鑒定為家豬無疑，「泛舟岩的豬的年齡組成以一、二歲的個體為主，在總共八個（最少個體數）中的有六個，它們生長到人們所期望的大小時候，即被宰死了。」[42]些都表明吳城文化中家豬飼養已較普遍，豬是當時方國居民最重要的肉食來源。

39　參見楊赤宇先生的《下石鐘山泛舟岩發現古文化遺址》（《江西歷史文物》1983年第4期）報告中稱為紅陶牛塑，後在正式調查報告中更正為原始瓷質牛，見江西省文物工作隊等：《湖口縣下石鐘山遺址調查記》，《江西歷史文物》一九八五年第一期。

40　參見王令紅《石鐘山泛舟岩遺址出土的動物骨骼》，《江西歷史文物》一九八五年第一期。

41　參見江西省文物管理委員會《江西清江營盤裏遺址發掘報告》，《考古》一九六四年第四期。

42　參見王令紅《石鐘山泛舟岩遺址出土的動物骨骼》，《江西歷史文物》一九八五年第一期。

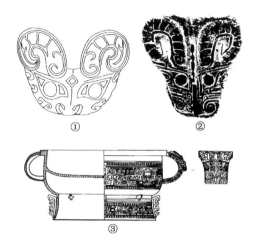

圖4　青銅器上的羊首紋
①羊角獸面　②四羊罍之羊首　③假腹簋

　　狗是人類在動物界中第一個「夥伴和朋友」，人類把個體較
大的狼馴化為較小的狗也是在一萬年以上。商代贛境地區目前僅
在湖口下石鐘山泛舟岩遺址發現有家狗的左下頜骨一段和下面第
一臼齒，表明三千多年前，狗也是吳城方國居民的狩獵夥伴。

　　商周青銅器上流行用羊首作裝飾，反映養羊業的興旺發達。
新幹商代大墓出土的青銅器中，除出土一件羊角獸面器（圖4）
外，用羊首或羊角作圓雕或浮雕裝飾的就有四、五件之多，諸如
四羊罍、假腹盤和乳丁紋虎耳大方鼎等，這些青銅器，造型奇
特，鑄造精美，地方特色濃厚，應是本地鑄造無疑，這也從一個
側面反映出吳城方國養羊業的發達。

　　我國家禽的飼養歷史中，雞的馴養歷史要比鵝、鴨相對要
早，考古資料證明，早在距今八千年前，我們的原始先民就已將

雞馴化。[43]江西萬年仙人洞新石器時代早期遺存中發現過原雞的遺骨，[44]因而先民們就有可能將其逐步馴化成家雞。到新石器時代晚期，考古資料證明家雞已成為原始先民最主要家禽，我省樟樹築衛城中層新石器時代末期地層中就曾出土一件雞冠狀紐硬陶器蓋，造型寫實，栩栩如生[45]，所以，到商代吳城方國時，其養雞業當更為普遍，在樟樹營盤里遺址上層就出土圓雕陶雞二件，都係陶塑藝術品，其中一件較完整，體扁平空心，背部有三鏤孔，頭昂起作張口鳴叫狀，眼由小圓圈壓成，腹平無腿，長六釐米、高三釐米。

上述一些考古資料，雖然表明三千多年前的吳城方國居民已有較發達的家畜家禽飼養業，但也必須看到，其畜牧和家禽飼養業的規模和水準比之中原商殷王朝卻也顯得滯後。中原商代的經濟活動中，畜牧業已發展成一獨立的重要經濟部門，殷墟甲骨文中，記載商王及其臣僚貴族大量使用牛、羊、豬等畜產品進行祭神活動，動輒就是數十，數百，乃至數千頭，可見畜牧業的發達程度，這些對南方吳城方國來說都是無可企及的。

43　參見董希如《我國古代養雞概述》，《農業考古》一九八六年第一期。

44　參見江西省文物管理委員會《江西萬年大源仙人洞洞穴遺址試掘》，《考古學報》一九六三年第一期。

45　參見江西省博物館等《清江築衛城遺址發掘簡報》，《考古》一九七六年第六期。

第二節 ▶ 手工業

　　在農業發展基礎上，吳城方國的手工業也得到長足發展，而其中青銅冶鑄業和陶瓷燒造業不僅是當時最重要的手工業部門，而且是當時最先進科學技術的代表，也是吳城文化社會生產力發展水準的重要標誌。

一　青銅冶鑄業

　　商代，是我國青銅時代的大發展時期，而青銅器的鑄造必須以銅礦資源為首要的必備條件。長期以來，我們只能從有關史籍和志書的記載中得知，贛鄱地區這塊「物華天寶」的富饒土地上，蘊含著極豐富的有色金屬礦藏，自古以來就是銅、錫礦的著名產地。到上世紀八十年代瑞昌銅嶺礦冶遺址發現以後，才以大量的考古學物證，不僅印證了古代的文獻記載，而且證實遠在商代中期，贛境地區就已有採銅煉銅的規模生產，從而將我國採銅煉銅的歷史向前推移了三四百年。

　　銅嶺礦冶遺址位於贛北瑞昌市夏畈鄉銅嶺現代礦山內，距長江南岸的碼頭鎮僅六公里。該遺址自一九八八年發現後，前後經過五次科學的發掘[46]，揭露採礦面積達一八〇〇平方米，冶煉區面積六〇〇平方米，清理出豎井一〇三口，巷道十九條、露採坑七處、冶煉爐二座，儲水井數口，以及銅、竹、木和陶質的工具

46　參見江西省文物考古研究所《銅嶺古銅礦遺址發現與研究》，江西科學技術出版社，一九九七年。

和生活用器四〇〇餘件。此外，經調查，採礦區面積達四萬平方米，煉渣分佈面積達數萬平方米，遺址中的煉渣堆積最厚處達三米餘，當地人稱為「銅石坡」，有的延綿數十米，估計有三十萬噸以上煉渣。銅嶺礦冶遺址開採的年代從商代中起一直延續到戰國時期，是目前中國發現時代最早的一處礦山，遺存時代之早，延續時間之長，保存之完整，內涵之豐富為世所罕見。

1. 採礦技術的先進性

銅嶺銅礦開採的方法分為兩大類，即露天開採（簡稱露採）和地下開採（簡稱坑採）。這兩種方法往往相互結合使用。

露採法是指在礦區礦脈露頭處開掘，去掉表土，挖出礦石的採礦方法。

坑採法是指在礦體上沿礦脈鑿井向下的採礦方法。這種方法的優點是為了減少剝離大量廢石，有效地採掘礦體，但是在操作過程中，又容易產生塌方、積水等危險，還需要解決提升、運輸、照明、通風和排水等問題，要解決這些問題，必定要經過較長期的摸索和經驗積累才能實現，這一採礦方法的出現，是採礦技術變革和進步的標誌，但是，值得注意的是，銅嶺遺址從商代中期起就已採用露天開採為輔，地下開採為主的方式。[47]

地下開採法又有單一開採法（或稱豎井開採法）和聯合開採法兩種。

單一開採法，應用較多，至今已發現的商代豎井就有四十八

---

47 參見劉詩中《中國先秦銅礦開採方法研究》，《中原文物》一九九五年第四期。

口。這種開採法猶如新石器時代晚期以來就已流行的鑿井技術一樣，直接在礦體上向下掘井，直到礦石採完為止。一般井筒斷面呈矩形，淨空面約 70×90 平方釐米，深不到四米。豎井位置均在白雲質灰岩上層的孔雀石部位，其特點是礦藏淺，礦層薄，故孔雀石採完也就終止。可見淺井並非表明開採方式的簡單，而恰恰反映這是一種因地制宜、視礦藏情況而選擇的較合理的開採方式。

聯合開採法，是一種較複雜的綜合開採方式，具體又可分為兩種：

一種是由露天槽坑到豎井的聯合開採法，是邊探礦、邊開掘的有效方法。以一號槽坑和 J11 豎井的開採過程為例，先在地表開挖半地穴式露天槽坑，長七點六釐米、寬一點四釐米、深〇點五六釐米，槽坑兩邊打木樁作為擋土牆板。為了追蹤富礦，繼而在槽坑尾端向下開挖井筒。

另一種是由豎井到斜巷再到平巷聯合開採法。如 J14 與 X1 貫通，其開採工作線從山腳順礦體至山腰，先在地表向下開鑿淺豎井，而後在井底往東開挖階梯狀斜巷，長約一米，再沿階梯向山腰開挖平巷，平巷清理至十餘米處未見盡頭。巷頂距地表深四點二七米，平巷高一點三六米、寬〇點八米。從至今已揭示的這種綜合性開採方法來看，雖然規模較小，而且井多巷少，井巷不深遠，空間也狹小，巷道只能容人蹲座作業，自然工效不可能很高，但必須看到，由豎井底部開挖平巷或斜巷，工程量小，運輸也容易，反映至遲在三千多年前，銅嶺的礦工就已創建了自己特有的早期採礦技術體系，並已初具規模，這是件很不容易的事。

由於銅嶺礦體位於白雲質灰岩和泥質粉砂岩的接觸帶內，正

是破碎帶和構造角礫發育的部位，岩體堅固性差，屬不良地質條件區，圍岩比較鬆軟，因而井巷開挖至一定深度後，如何防止塌方？如何做到通風、排水？又如何將礦石提升上來？這些即使在今天也都是技術上的棘手難題，商代銅嶺的居民是怎樣解決這些難題的呢？

第一，用木架支護工藝來防止塌方。考古資料證明，商代中期的井巷支護工藝就已經規範化，以後結構不斷改進，逐步形成了木架支護具有抗頂壓、側壓和地鼓的綜合能力。這種支護形式後代文獻稱為「架鏡」[48]。

首先，對豎井的支護。商代中期的豎井支護就已採用標準型式，即由井框和背棍組成完全支護結構。井框內由四根圓木吻接成矩形，其中二根直徑八釐米，表面不經加工的圓木為橫木，另二根兩端砍削成碗口狀托槽的圓木為內撐木，內撐本比橫木的直徑稍大，以免劈裂。橫木兩端嵌入圍岩內。井框相間而置，組成井筒的護壁。井筒斷面均為 70×90 平方釐米或 80×92 平方釐米。同一礦井中的支擴框木規格統一，均為預製件，支護時在井下裝配。裝配時，將碗口結構的內撐木裝在同一壁，呈「同壁碗口接內撐式」的支護形式（圖5）。商代晚期豎井的支護結構大體與中期相似，不同的是在四根撐木的基礎上，另加二根碗口結半圓形內撐木，以增加井框的內撐力，並在框架與背棍間塗上一層草筋泥以防泥沙從背棍的縫隙間落入井中（圖6）。

48　參見吳其浚：《滇南礦廠圖略》。

其次，對平巷的支護。採用
排架式結構。每幅框架斷面呈矩
形，由一根頂梁、二根立柱和一
根地 組成，框架間距六十釐米
至八十釐米，商代中期採用碗口
接排架式支護方式，與同期豎井
支護方式相近，即頂梁、地 為
直徑八釐米、立柱為直徑九釐
米、長七十八釐米至八十四釐米
的圓木。立柱兩端砍削成碗口狀
托槽，以支撐頂梁和承接地 。
頂梁與圍岩間的頂棚採用直徑
三、長一〇〇釐米至一六〇釐米
的椽子間隔鋪設。巷道兩壁有少
量中粗木棍支護。商代晚期則採
用開口貫通榫接排架式平巷支
護。銅嶺 X1 平巷支護高一點三
六米、寬〇點八米。立柱為圓
木，直徑約十釐米、長一四〇釐
米，柱足為圓周截肩單榫，柱頭
為開口貫通榫，下凹處寬四釐
米，頂梁兩端為單榫與柱頭貫通
榫接，地 兩端有卯眼承接柱足
榫，組成框架（圖7）。

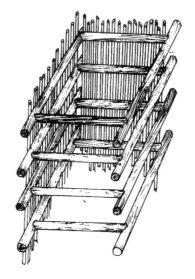

圖5　商代豎井「同壁碗口接內撐式」
　　　支護復原示意圖

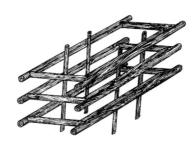

圖6　商代豎井「同壁碗口接內撐加
　　　強式」支護復原示意圖

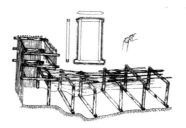

圖7　商代平巷支護示意圖

頂棚和巷背密排小木棍，並敷以樹葉和草，做成棚子，使井下作業更為安全。

上述考古材料表明，商代中期瑞昌銅嶺礦冶遺址的支護技術已達到較高水準，主要表現在支護木已注意選用質地堅硬、無木結、無紐紋的櫟木、楠木；設計和施工規範化，從而提高了井巷的支護工效；採用杆件組成方框支護井巷，杆件間碗口接點的結合效應僅適用於當接點的接觸面在發生擠壓應力時才能結合牢固，這種節點結構，是針對井巷圍岩變形產生的擠壓力而設計的，這一技術設計既符合維護控制壓力的要求，又充分考慮到了井下安裝、施工方便等的實際需要，這是在長期採礦實踐過程中逐步摸索出來的一種適用於鬆軟圍岩地質條件下作業的井巷支護技術，它具有重量輕、加工易、架設便等優點，加以古礦區森林茂密，材質豐富，是經濟合理的支護形式。瑞昌銅嶺商代木支護技術是迄今為止世界上發現最早的採礦安全設施，是吳城方國居民的偉大創造和發明，也是對世界古代文明的重要貢獻。

第二，銅嶺商周時期的井巷已具有一定的深度，自然要考慮通風排水的問題。

通風：主要採用自然通風，並輔以人為製造風流。人工輔助通風主要是將開掘廢棄的巷道用黏土碎石等填塞，既可減少運輸量和增加採掘深度抗壓能力，又有助於空氣流動。

排水：設施有疏水溝、排水槽。排水槽是利用樹幹剜成，槽最寬〇點六米，拼接成數十米水槽。

提升：已發現多種形式的提升方法，古礦區內出土的商代木滑車（圖 8），是迄今世界上所見最早的早期提升機械。滑車由

圖8　木滑車及其使用示意圖

整木加工，長四十三釐米、徑四十二釐米，兩側各有五個對稱凸塊，既可作扳手，又可防止繩索在轉動過程中脫離滑車。它的軸孔中間部位直徑大，直徑較下的兩端形成了滑動軸承，這種結構減少了軸承與軸的摩擦面及磨搖阻力，與現代軸承設計原理相一致，表明商代這種滑車已具有靈便、完備的特點，其滑動軸承的設計已達到較高水平。[49]尤其是滑車兩端各有一個徑向與軸承相通的側孔，孔口僅三十毫米×二十五毫米，顯然這兩個孔不適合於裝手柄，很可能是用來加注潤滑劑（油脂）的，以減分磨擦力，延長軸與軸承的使用壽命。從軸承摩擦呈油光的痕跡來分析，該滑車使用了潤滑劑。據《詩經》記載，西周時期就已用動物油作潤滑劑，但中國人開始使用潤滑劑的時間可能要比西周更早，瑞昌銅嶺出土的滑車就是很好物證。

49　參見劉詩中：《中國先秦銅礦》，江西人民出版社，二〇〇三年。

第三，井巷開鑿技術。開挖數十米深的礦井，井筒四壁必須垂直，才能較準確地安裝木框架預製件。如何保證開掘的豎井四壁垂直或基本垂直？這一定備有簡單的測量工具，否則，銅嶺礦工們決不可能開出如此規範的礦井。一九九三年，瑞昌銅嶺鄰近的德安陳家墩遺址商代水井中出土了三件木質測量工具：木覘標墩和垂球[50]，正好填補了銅嶺礦山出土物的空白。商代陳家墩的居民用此來定位挖掘水井，而同時期的銅嶺礦工則用此來定位開挖礦井。

木覘標墩系用一段帶杈的圓木製成，頂端鋸成平面，頂面居中位置上有直徑〇點四釐米的孔洞一個。墩高十五釐米，平面徑十五釐米。垂球形制似現在孩兒玩的陀螺，以小圓木製成，上圓下尖，圓頂平面正中心有小洞孔一個，垂球頂面徑四點五釐米，高七點二釐米。這兩件木測量器的配套使用方法，大體應是這樣：先在井口定位，往下掘進一段後，在井口支撐木架中心點用準繩繫上垂球，測準中心，將垂球下放，在井筒平面上移動覘標墩直至墩面準星與垂球尖端定準中心，然後移開木覘標墩，又繼續下挖，如此迴圈使用定點線，校正準星（圖9）。由於有了這種較準確的定點定位測量工具，礦工們才能向深部地層規範化挖掘。這兩件測量工具的發現有著極其重要的意義，它從此解開了古代水井和礦井既深且直又如此規範之謎，它是目前世界上發現

---

50 參見江西省文物考古所等：《江西德安縣陳家墩遺址發掘簡報》，《南方文物》一九九五年第二期。

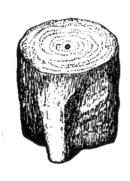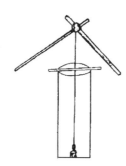

圖9　木視標墩、垂球及測量使用示意圖

的最早的測量定位工具。

　　銅嶺商周古銅礦的豐富文化遺存，較全面地反映了商周時期的採礦技術，整個銅嶺礦山的開採從小到大，由淺至深，從露採到單一井巷再到聯合井巷開採，特別是井巷支護技術，形成了一套自身發展的完整的採礦工藝序列，地方特色鮮明。同時，早在商代就已在落礦、出礦和地壓管理等技術上達到了較高的水準。

2. 冶鑄技術的兩重性

　　吳城方國的居民在掌握先進採銅技術的同時，還不斷改進和提高自己的冶銅和鑄銅技術水準，特別是當商代中期中原商王朝的勢力南漸至贛地以後，帶來了中原先進的泥範鑄造技術，則加速了吳城文化青銅鑄造技藝的發展，至今在吳城文化分布範圍內，出土了數量較多、種類繁複、造型奇特、紋飾綺麗的青銅器，其中尤以新幹大墓出土最多，它集中代表了吳城方國的青銅冶鑄技術水準。

　　(1) 江西商代青銅器的發現

　　據文獻記載，從魏晉時代開始，江西地區歷代都有零星青銅

器的出土，據筆者初步翻檢共達二十四次[51]，計八十九件，分別
出土於南昌、豐城、武甯、修水、吉安、吉水、瑞金、南康、鄱
陽、宜黃、進賢、上高、高安、奉新、樟樹、分宜等十六個縣
市，基本布及江西全境，但主要集中在贛中、贛西和贛西北地
方。器類有鼎、觶、盆、鐘、鎛和劍、戈、矛等，而以銅鐘特
多，僅記載就有十七次，計六十九件，占到歷史上出土青銅器總
數的百分之八十一以上。[52]這些歷史上出土之青銅器，真正能推
定其年代的只有春秋時期的者減鐘、徐王義楚觶三器和能原鎛
等。其他都因無銘文，大多可能都是兩周時期遺物。

新中國成立後，隨著考古事業的不斷開展，江西各地出土商
周青銅器日趨增多，不僅地層清楚，且多和古文化遺址和古墓葬
伴出，這就為出土青銅器的斷代提供了科學依據。我們在上世紀
七十年代末初步統計，全省各地出土的青銅器為二四〇餘件[53]，
其中屬商代的青銅器五十三件（圖 10）。八十年代以後到現在發

---

51 參見彭適凡《江西出土商周青銅器的分析與分期》，《中國考古學會第
    一泛年會論文集》，文物出版社，一九七九年。後收入《江西先秦考
    古》，江西高校出版社，一九九二年。

52 參見彭適凡《贛江流域出土商周銅鐃和甬鐘概述》，《南方文物》
    一九九八年第一期。

53 參見彭適凡《江西出土商周青銅器的分析與分期》，《中國考古學會第
    一次年會論文集》，文物出版社，一九七九年。該文中，原把新幹中
    棱水庫埧基出土的所謂五件列鼎和甗、鬲、鐏等計十一件青銅器定為
    西周早期，近年來有學者考證為商晚器是正 的，見李朝遠：《江西新
    幹中棱青銅器的新認識》，載《長江流域青銅文化研究》，科學出版
    社，二〇〇二年。

現的青銅器更是猛增，其中除一九八九年新幹大墓集中出土商代青銅器四七五件外，僅見於報導的尚有：一九八二年德安石灰山遺址出土青銅鈅一件，一九八三年萬載株泫出土青銅鐃一件，一九八四到一九八六年九江神墩遺址出土青銅鏃二件，一九八五年宜豐天寶鄉出土青銅鐃一件，一九八五年和一九八七年遂川枚江洪門先後出土提梁卣和蟬紋青銅鼎

圖 10　樂器青銅鐃（靖安出土）

各一件，一九八八到一九九二年瑞昌銅嶺礦冶遺址出土青銅鈅三件、鑿一件，一九九三年德安陳家墩遺址出土青銅鐃一件，一九九三年吳城遺址第八次發掘出土青銅鑿和削各一件，一九九三年吳城遺址正壙山採集青銅斧一件，二〇〇二年永修燕坊四聯出土青銅鐃二件，等等，這樣八十年代以前和以後全省總共出土商代青銅器為五四五件，主要出土於贛江中、下游即贛中、贛西和贛北地區，與歷史上出土青銅器的地區大體吻合。這些商代青銅器，特別是新幹大洋洲集中出土的這批青銅器，不僅對研究吳城方國的經濟、政治、文化、禮制及其信仰和崇拜，而且對揭示吳城方國的青銅鑄造技術和水準都提供了極其珍貴資料。

　　(2) 冶鑄技術的兩重性

第一，兩種不同的合金成份：紅銅與青銅並存

人類在創造物質文明過程中，自然界蘊藏的銅是最先被人們發現和使用的金屬。從世界範圍來說，這種最早發現的銅，一般是指紅銅，即自然銅，也即純銅，紅銅的硬度較低，其布氏硬度僅三十五度。人們從開始認識和利用自然銅，到有意識人工開採銅礦與冶煉銅，此間經歷了一個相當漫長的過程。

青銅是人類較早發明的合金之一。所謂合金是指兩種或兩種以上的金屬，經過高溫使它們熔合在一起而成為性能不同的另一種金屬，就是合金。一般銅與錫的合金稱錫青銅，銅與鉛的合金稱鉛青銅，銅與鋁的合金稱鋁青銅，銅與鉛、錫合金稱為鉛錫青銅。中國商周時期的青銅，主要是錫青銅或鉛錫青銅，古稱金或吉金。

青銅的優點是比紅銅硬度高，熔點低，器表光澤度要好，抗腐蝕性也強。實驗證明，紅銅的熔點為攝氏一〇八四‧五度，若加入百分之十五的錫，熔點就降低到攝氏九六〇度，若加入百分之二十五的錫，熔點更降低到攝氏八一〇度；如果紅銅中加百分之十的鉛，熔點要比紅銅降低攝氏四十三度，若加百分之二十的鉛，熔點可降低攝氏八十三度。紅銅中加錫可以大大增強合金的硬度。有關科研部門對殷墟婦好墓出土的青銅器作過合金成份和硬度測定[54]，得出紅銅中加錫與合金的關係是：銅錫合金中含錫

54　參見中國社科院考古研究所《殷墟婦好墓》，文物出版社，一九八二年，附錄《婦好墓銅器成份測定報告》，文物出版社一九八二年版。

量在百分之十一到百分之十五，維氏硬度約為一〇七度，含錫量在百分之十五到百分之十八，維氏硬度為一三六度；含錫量在百分之十九到百分之二十一，維氏硬度為一六一度。這就是說，含錫量越高，硬度也愈高，但是也相應帶來一定的副作用，即在增強硬度的同時，也使合金變脆，易折，若加入一定的鉛，則可克服易脆折的缺陷，而且可以提高熔液的流動性，增加滿流率，使銅器表面光潔，紋飾清晰，還可提高合金的韌性。但是，加鉛在增強合金流動的同時，對硬度又產生影響，含鉛量越大，硬度越低，如合金中含錫量在百分之十一到百分之十五的話，若加入百分之三到百分之六的鉛，則維氏硬度就會由一〇七度降低至九九度。這些資料充分說明，在銅器鑄造過程中，純銅、錫與鉛的合金比例的配備極為重要，同時也反映其配料技術的複雜性。

　　吳城方國境內出土青銅器的合金成份，包括銅嶺礦冶遺址銅礦石和銅渣的合金成分，早年我們曾請河南洛陽七二五研究所化學室和江西有色冶煉加工廠中心實驗室[55]以及中國科技大學彭子成先生等[56]分別對部分標本作過科學檢測和分析。中國科學院自然科學史研究所蘇榮譽等還專門對新幹大洋洲出土的二十件青銅器標本作了合金成份分析[57]。綜合這四個科研單位對數十件樣品

55　參見彭適凡等《江西早期銅器冶鑄技術的幾個問題》，《中國考古學會第四次年會論文集》，文物出版社，一九八五年版。

56　參見彭子成等《銅嶺諸古礦銅料去向的初步研究》，附表，載《銅嶺古銅礦遺址發現與研究》，江西科技出版社，一九九七年版，第140-148頁。

57　參見蘇榮譽等《新幹商代大墓青銅器合金成分》，載《新幹商代大

第六章・商代吳城方國文明（下）

369

的測試，其合金成份大體可以分為兩大類或稱兩個系統：

第一類，紅銅類，即器物用純銅鑄造，基本不加錫與鉛。如洛陽七二五研究所和江西有色冶煉加工廠對新幹中棱水庫壩基出土兩件銅鼎的測試，其含銅量分別為百分之九十八點八七和百分之九十六點四七，均不含錫，只一件含百分之〇點〇三的鉛；再如洛陽七二五研究所對吳城遺址出土的一件鼎足（屬三期）採樣測試，其含銅量為百分之九十八點八七，對吳城遺址採集的一件銅殘片檢測，其含銅量為百分之九十九點一三。彭子成等對吳城遺址出土的一件銅鼎的測試，其含銅量為百分之九十八點七七，不含鉛，只含錫百分之〇點七一。這些純銅器類，如中棱水庫壩基出土的銅鼎，器壁普遍較薄，或厚薄不勻，器表顯得粗糙，沙眼較多，除表面有一薄層銅綠外，內心多呈紫紅色。這些紅銅器的發現告訴我們，商代吳城方國青銅文化銅鑄製品中，還有相當部分是用紅銅即純銅鑄造的，它的發現，對於我們瞭解吳城青銅文化的內涵、性質及正確評估吳城方國青銅文明發達程度及水準等都有重要意義。

第二類，青銅類，即在紅銅中加入錫、鉛成二元或三元合金。如江西有色冶煉加工廠中心實驗室對樟樹三橋橫壙出土的二號鳥形扁足鼎殘片的測試，含銅量為百分之七十一點五二，錫量為百分之一點九四，鉛量為百分之二點八七，與中原同期青銅器的含銅量基本相近。特別是彭子成和蘇榮譽等對新幹大墓出土青

墓》，附錄五，文物出版社，一九九七年版，第 243 頁。

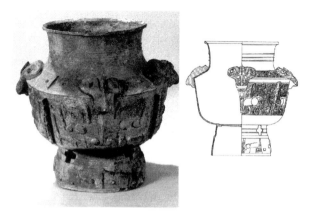

圖11　四羊罍

銅器的測試結果，其結論基本是一致的，即其青銅合金成分都屬於銅——錫——鉛三元合金，錫含量高者在百分之二十以上，鉛含量在百分之十以下，屬於典型的中國青銅時代的青銅合金體系，和中原以及盤龍城的青銅器的合金成分相當一致。這類青銅器胎質普遍較厚，紋飾清晰，器表較光滑潔淨，有的至今仍烏黑閃亮即所謂的「黑漆古」，據上海工業大學陶德華用 Auger 電子能譜對新幹大墓出土不鏽的銅修刀和尖首銅刀檢測分析結果[58]，證實這類不鏽青銅器的表層均含有高量的錫，並含有少量的銾和稀土元素等雜質。不僅如此，有的單件青銅器還能根據其不同部位對硬度、光潔度的要求不同，採用不同的合金比例，如蘇榮譽

58　參見陶德華《新幹商代大墓尖首銅刀和銅修刀碎片測試報告》，《新幹商代大墓》附錄七，文物出版社，一九九七年版，第 251-252 頁。

對四羊銅罍本體和肩部的附飾羊首的分別檢測結果（圖 11），本體含銅百分之七十五點五八、錫百分之十八點四四、鉛百分之四點七三；而羊首含銅百分之七十五點二三、含鉛百分之五點八四，而一點不含錫，也就是說，本體屬鉛、錫青銅，羊首則為鉛青銅，很顯然，羊首是一裝飾件，通體滿施花紋，為了增強銅液的流動性，使之鑄出後紋樣精美，故分鑄羊首時只在紅銅中加鉛用鉛青銅的比例配方。這種不同部位因要求不同而採用不同合金比例的做法，和四川廣漢三星堆出土的一件銅罍的做法一樣[59]，該銅罍因腹部要鑄以精緻花紋，故加鉛量達到百分之十六點二八（圈足含鉛量為 4.52%），而承重的圈足，因係素面，只求硬度要高，故有意識地多加錫，含錫量達到百分之十點四（主體腹部含錫量僅為 8.56%）。這些都說明，到商代，在中原先進冶鑄技術的影響下，長江流域的一些重要方國所在地，工匠們都已逐漸認識和初步掌握了銅、錫、鉛三元金屬的各自性能，從而推動了各方國青銅鑄造業的發展與繁榮。

吳城方國境內上述兩類不同合金比例配備方法即紅銅器與青銅器並存的情況，是商殷時期的一種奇特現象，紅銅器是冶鑄技藝處於原始落後階段的表徵，兩類銅器的並存，實際就是落後與先進共存。這種奇特現象的出現，我們只能作如是解釋：三千多年前的吳城方國古代居民，在銅鑄工藝中，還濃厚地保留著古老

59　參見曾中懋：《廣漢三星堆二號祭祀坑出土銅器成分分析》，《四川文物》一九九一年第一期。

的紅銅製作工藝傳統，表明其冶金術淵源甚古，根基深厚，但至遲從商代中期起，由於中原先進冶鑄技術的傳入，使吳城的工匠們開始懂得在純銅中加入一定的錫後，就可以改變金屬性能的道理，特別到商代晚期，吳城方國的青銅文化面貌大為改觀，即以新幹青銅器群為代表的第二類青銅工藝，完全可以和中原殷商王

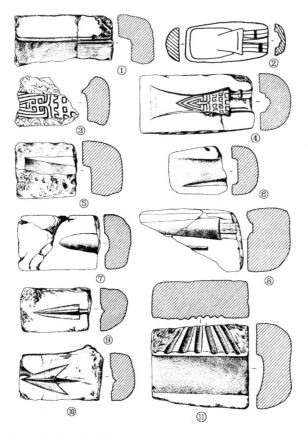

圖12　吳城文化石範
①②③④⑤⑥鏟範　②鑱範　⑦矛範　⑧匕首範　⑨⑩鏃範
⑪車馬飾殘範（除2係德安出土外，餘均吳城遺址出土）

朝出土的青銅器相媲美。

第二，兩種不同的型範工藝：石範與陶範並用

吳城方國銅器鑄造工藝中，一個很獨特的地方就是其型範工藝，石範與陶範並用，特別是石範出土數量之多，出土地點之廣，不僅在中原地區罕見，即或周邊一些方國也為數不是很多。

「型」是指模，即所想要鑄成的器物的樣子；「範」是指從模上翻下來的器物外表殼。《荀子·疆國篇》所言「型範正，金錫美，工冶巧，火齊得」的「型範正」，就是指鑄造金屬器物的內模與外範。

外範有兩種，即石範和泥範。吳城遺址中，出土的陶範很少，大量的是石質鑄型即石範，只惜使用後多已破碎，據初步統計約有三〇〇餘扇，較大塊的有一〇〇多塊，大部分都是鑄造斧、錛、鑿、刀、戈、矛、鏃、耜之類工具、武器的範（圖12）。

吳城遺址中，除出土大量石範外，還出有一批型芯，又稱為內範。鑄造容器的器身、帶圈足的底、帶銎的工具、兵器等中空而有壁的鑄器，都要有芯心才能鑄造。鑄造時芯心和外範間的距離，就等於壁的厚度。吳城出土的內範有陶質和石質兩種。芯壁上往往附有一層薄薄的銅痕，有的因高溫關係而色呈焦黑。

此外，和石範伴出的除大量銅渣、木炭外，還有一批鑄器時的裝嵌附件或工具，且多為陶質，如有的上部為長方體，雙面作人面形，中間凸脊似鼻，兩側橢圓鏤孔似目，鼻下為一圓柱狀把手。又如中空呈管狀的陶管，一端較粗，另一端較細，中間為一圓形穿孔，粗的一端周緣有三個外凸的泥釘，一般長五釐米到十

二釐米，管徑一點五釐米到二點二釐米，孔徑〇點五釐米到一釐米不等。此種管狀附件出土數量特多，其上也往往附著銅渣和燒灼變黑現象，有意義的是，此種管狀鑄件在安陽殷墟也有出土[60]。

特別值得注意的是，此種石質鑄型，在江西全境特別是吳城文化區內的眾多遺址中都有普遍發現，據不完全統計，總計約二十八件，即一九五六年樟樹營盤里遺址出斧、錛範各一件、一九七七年樟樹築衛城遺址上層出土斧範一件、一九七八年樟樹樊城堆遺址上層出土有鏃範和不明器類範各一件、一九七九年樂平高岸嶺遺址採集殘石範二件、一九八〇年贛縣白鷺圓背嶺遺址出土石斧範一件、一九八〇年樟樹樊城堆遺址出土錛、鏃等石範共六件、一九八一年永修新祺周紹溪山遺址採集石範一件、一九八二年上高鷺鷥嶺遺址出土錛、鏃範各一件、一九八二年橫峰舒家山遺址出土石範一件、一九八二年萬載塯上遺址出土石範一件、一九八二年德安石灰山遺址出土錛、鏃範三件、一九九二年德安米糧鋪豬山壟出土石範一件、黃牛嶺遺址出土石範二件、一九九二年德安米糧鋪袁山遺址出土錛範一件、一九九三年德安陳家墩遺址出土鏟範二件，等等。綜觀吳城及全境各地出土的這些石質鑄型，給我們這樣一些初步認識[61]：

60　參見中國社會科學院考古研究所：《殷墟發掘報告》（1958-1961），文物出版社，一九八七年
61　參見彭適凡《江西商周青銅器鑄造技術》，載《科技史文集‧技術史專輯》，第九輯，科學出版社一九八二年版，第38-44頁。

1. 選用琢製石範的石料都較鬆軟，常見的為紅色粉砂岩質，只有少數係灰白色粉砂岩和青砂岩質。石範的琢製工序是：先琢磨坯體，再鑿刻鑄型；若需裝飾花紋，則先用木炭之類描繪出輪廓，再鐫刻出陰紋。兩扇石範扣合鑄器時，外面必須用繩索捆紮，以免澆注時鬆動變形。

2. 每扇石範的正面琢磨扁平，背面要琢磨圓潤光滑，既不能有棱角，也無凹窩。有的在一端刻有直澆口或橢圓形澆口杯，以便於注入銅液和排氣；有的在一端的兩側刻有很淺的縱刨槽或橫凹槽；有的在一端的兩側又刻有縱、橫凸棱；有的在一端的兩側刻有乳丁式的凸起，有的卻又刻有淺窩似的榫眼，這些應該都是雙扇合範子母榫口相合的記號，以便鑄器時扣口緊密，固定雙扇的位置。有的石範上還刻有「↓」的記號，那可能是灌鑄銅液以及放置合範方向的指示記號。

3. 石範的組合，單範少，基本都是兩扇的雙合範，兩扇以上的組合範也不見。石範的種類基本都是農具、工具、兵器和極少的車馬飾範，至今尚未發現有鑄造容器的石範。

4. 從已發現的一些刀範和鏃範的鑄型來看，有的已經從一範一器發展到一範上可鑄兩器或多器。

泥質陶範至今發現較少，吳城遺址中只出土數件殘塊，有一塊上面印有雲雷紋，這種雲雷紋陶範，很可能是在陶模上翻下來的。引人矚目的是，在新幹大墓中也出土了一扇高嶺土質的蟬紋鑄範（圖13）。

圖 13　蟬紋陶鑄範

　　如前所述，吳城文化中，在合金配備方法上紅銅與青銅並存；在型範工藝上石范與陶範並用，一般來說，紅銅與石範、青銅與陶範是各自相對應的，也是密切相聯的。大抵古代人們在發現紅銅初期，製作簡易的工具或武器，是把燒軟的銅塊放在石頭上敲打成型。後來在實踐中發現，如果在石塊上鑿刻出一定的凹槽，再灌進銅液，就可以鑄成器具。於是，石範應運而生。從銅器產生的歷史考察，最早使用的鑄型應該是石範，石範鑄造是青銅時代的初始階段。

　　石範有很多不可克服的弱點，如不耐高溫，不宜雕鏤纖細而繁縟的花紋，只能用來鑄造工具、武器或體型較小、花紋簡易的容器。隨著青銅時代社會經濟的發展，人們對銅器的需要日趨增多，特別是對銅器的品質要求越來越高，石範已經不能滿足生產發展的要求，因此，人們逐漸創造出先作模後用泥質翻範（陶範）的新工藝。這種新式鑄型優點很多，一經出現，就較快取代

石範，成為鑄造青銅器的主要鑄型。如果說石範鑄造是青銅時代的初始階段的話，陶範鑄造則是青銅時代的發展階段。

從石範鑄造發展到陶範鑄造，一般也就相當於從紅銅發展到青銅鑄造。但其間不可能截然分開，猶如新石器時代還保留不少打製石器，商代還使用不少磨光石器一樣，舊技術是慢慢消失的，新技術是逐漸推廣的，所以，即或青銅文化達到相當高的發展階段，人們偶爾也有用石範鑄作青銅兵器或工具的例子，如在安陽殷墟苗圃北地鑄銅作坊遺址中就發現一扇長方形石範[62]；山東鄒縣一處商代晚期遺址中也發現殘石範一扇[63]。當然，這僅僅是個別例子，只能看成是古老原始的傳統鑄型工藝孑遺的反映。

但是，吳城方國境內石範與陶範鑄型並用，與中原殷商文化中偶爾使用一、二件石範的情況完全不同，它大量使用石範作鑄型，並鑄作一部分紅銅器，反映出南國這一地區金屬鑄造工藝的原始性和獨特性，當它的早期冶金術正沿著石範技術的軌跡向前發展的時候，特別是到商中期時，突然傳入了先進的泥範鑄型技術，這無疑給吳城方國的早期金屬鑄造業帶來新的生機，從而加速了銅器鑄造技藝的革新和發展，進而促進吳城方國文明的形成。但是，正由於其原有金屬鑄造技術的落後和獨特，尚沒有具備全盤接受先進的陶範鑄造青銅器的條件和基礎，因而只能一方

62 中國社科院考古研究所：《殷墟的發現與研究》，文物出版社，一九八五年。

63 參見王言京《山東鄒縣又發現商代青銅器》，《文物》一九七四年第一期。

面繼續沿用自身固有的石範鑄造紅銅器的工藝傳統；另一方面又學習、借鑒中原先進的泥範技術鑄作精美的青銅器，即採用石範與泥範並用、紅銅與青銅並存的落後與先進的兩種辦法。此外，石範也有它的一些優點，如可以多次使用，不易變形，取材方便，澆注過程中容易散熱等，對於鑄造那些成型容易和工藝簡單的工具、兵器來說，還是比較適用的，石範本身的這些優點，也使得它在中原陶範技術傳入後仍頑強地延用下來。

上述吳城文化的銅器工業中，紅銅與青銅並存和石範與陶範並用的局面，是在三千多年前特定時空環境和條件下，形成的一種特有的青銅文明發展模式，它既不同於長江上游的四川廣漢三星堆蜀國青銅文明，更不同於高度發展的中原商殷青銅文明，它是有著悠久歷史文化傳統和濃厚土著特色的吳城方國青銅文明，它不是中原商殷文化的全盤移植，更不是中原商人在南方建立的一個據點。試想，如果是殷人的一支南下建立起的一個文明中心的話，那為什麼還要繼承中原早已淘汰了的石範鑄作的古老而又落後的工藝？湖北盤龍城是商王朝為了掠奪江南的銅錫資源在江北建立的一個軍事據點，為什麼盤龍城遺址中不見石範鑄作工藝？其間文化主人族屬的不同、文化傳統的差異是很明顯的。

第三，半地穴式的熔銅豎爐

要用銅料鑄造紅銅器或青銅器，必須先熔銅。熔銅與冶煉是不同的兩回事，但它們之間又有密切的聯繫。吳城方國居民是如何先熔銅後鑄造的呢？

吳城遺址歷次發掘清理了七個與青銅冶鑄有關的灰坑，這些鑄銅遺跡雖均似灰坑形狀，但其出土的包含物中都有與冶鑄相關

遺物，如石範、陶鑄件及大量的炭渣和紅燒土塊等。以一九七四年第十三號探方六號灰坑為例，平面呈圓形，坑口和底徑均二米，深〇點四〇米到〇點六〇米。底部平整，四壁平直，整個坑西部稍高，東部稍低，由西向東傾斜，坑底中部又有一平面呈半扇形小坑，直伸至西南壁，小坑深〇點二四米，小坑底部有一層厚約〇點〇五米的紅燒土堆積，往上是灰土與紅燒土相間斷的堆積共計八層，四周坑壁上貼附著厚約〇點〇五米到〇點〇八米的燒土壁，壁上附著一層銅渣。坑內出土物較豐富，生產工具有石刀、石鑿、陶網墜、陶紡輪以及大量礦石和石範、泥芯等。所出陶片有泥質灰陶、泥質黃陶、泥質紅陶和硬陶等，而以泥質灰陶居多。從其陶片口沿觀察，器形多為鬲、豆、罐、盤、盆、缸和缽等，僅復原出完整的陶鬲計六件。坑中還伴出有大量的銅渣和木炭碎屑以及二塊銅片，這些現象無疑應與冶鑄遺跡有關。

根據這種圓形坑爐的特點，我們認為似可稱為半地穴式豎爐。圓坑由西向東傾斜，很可能是銅烙化或煉出後通過的「流道」。在古代，用木炭作為還原劑從氧化礦中煉銅，或用木炭作燃料將銅熔化，兩者是有區別的，但上述吳城發現的這一圓形坑爐，作為熔爐或煉爐都有可能性，但從坑爐內外堆積中均未發現有銅礦石來看，作熔爐的可能性更大。

據現有考古資料，商周時期各地熔銅的方法不盡相同，鄭州商代中期多用外塗草拌泥的大口尊和原始繩紋陶缽；湖北盤龍城商代中期採用的是陶胎坩堝；甯鎮地區湖熟文化中則常見厚胎陶缽和挹灌銅液的勺類。商代後期安陽殷墟的熔銅方法除陶質熔銅器皿外，主要有土爐式的熔爐和土坑式的熔爐兩種，後一種類似

於吳城的半地穴式熔爐。安陽殷墟苗圃北地鑄銅作坊遺址中發現
的土坑式熔爐五座[64]，形狀有圓形和橢圓形兩種，直徑約一米左
右，坑深為〇點三到〇點五九米之間，在坑壁上都抹有一層草
泥，草泥朝內的一面都被燒成了燒流，呈褐色或紅藍色。坑內出
土有大量銅渣、炭粒和陶片等物。為此，上述吳城的這種熔爐方
法，應該是從中原引進的。

第四，先進而又頗具特色的陶範工藝

吳城方國的陶範鑄造技術水準，無疑應以新幹大洋洲出土青
銅器群為代表，從新幹大墓中出土有一件蟬紋鏟的陶範來看，不
僅表明墓葬中的青銅容器，就是大批工具和武器也似乎都是採陶
範鑄造的。據蘇榮譽和華覺明氏的研究，該器物群的鑄造工藝上
有如下一些方法和特點[65]：

1. 分鑄鑄接法

此種方法又可分為兩種，即後鑄法和先鑄法[66]。先鑄法是先
鑄好部件，然後在灌鑄器身時，把已鑄好的附件嵌入範中和器身
鑄接；後鑄法是先鑄好器身，再將附件之範嵌上與器身鑄合。不
論是先鑄法還是後鑄法，都是分兩次以上鑄成，而非「一次渾
鑄」，所以統稱為分鑄法。大洋洲青銅器群中絕大部分容器都是

64 中國社會科學院考古研究所：《殷墟發掘報告》（1958-1961），文物出
    版社，一九八七年。

65 參見蘇榮譽等：《新幹商代大墓青銅器鑄造工藝研究》，《新幹商代大
    墓》附錄九，文物出版社，一九九七年。

66 參見華覺明等：《婦好墓青銅器群鑄造技術的研究》，《考古學集刊》
    第一集，一九八一年。

用分鑄鑄接法成形的。以鼎為例，所有耳上的附飾都是用分鑄鑄接的方法成形，特別是鼎腹部的扉棱都是先鑄成形後再鑄接於鼎上的。典型代表如標本八乳丁紋虎耳大方鼎（圖 14），首先鑄鼎底，同時鑄出與四足相對應的鑄接孔，鼎底為一平板鑄件，對開分型，上下二塊泥範組成鑄型；次鑄鼎腹四壁，鼎壁沿四角分型，由四塊側範、一塊底範和一塊腹芯組成鑄型；再於鼎底上鑄造四足，四足皆對開分型，由二塊側範、一塊足端範和一塊足芯組成鑄型，鼎足成型時也實現與鼎底的鑄接；最後是鑄鼎耳的臥虎飾，臥虎的鑄型由迎面一塊範、虎身對開分型的左右各一塊範與腹內芯組成，虎成形時實現與鼎耳的鑄接。

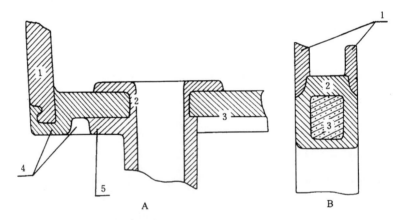

圖 14　乳丁紋虎耳銅方鼎鑄接結構
A. 四壁、底和足的鑄接結構（1. 四壁，2. 足，3. 底，4. 底部「田」字形凸起加強筋，5. 足根凸起）B. 耳與附飾鑄接結構（1. 附飾，2. 耳，3. 耳內泥芯）

　　一九七五年樟樹三橋橫塘出土的虎耳虎形扁足鼎和烏耳烏形扁足鼎，如同新幹青銅器群中的同類器一樣，也都是採用分鑄鑄

接法成形的。以橫塘的那件虎耳虎形扁足為例，耳上的臥虎飾、腹部的鏤孔扉棱和三條腿都是先分鑄，然後與鼎腹鑄接的。程式是先將鼎腹與鼎耳一次性澆注，後在耳上裝上虎的泥範（1 塊迎面範、2 塊對開的腹範和 1 塊腹芯）鑄型鑄成臥虎，最後裝上足的泥範（每足 2 塊泥範和 1 塊泥芯）澆注於鼎底的預鑄接榫上。至今腿的根部與腹部相接處尚有清晰的分鑄痕跡，澆注耳上的臥虎時，由於範的配合不嚴密，結果其銅液流淌至耳的上半部，形成一薄薄的銅層。

2. 渾鑄法

即以泥範塊範法將多塊範、芯緊密扣口，然後一次澆鑄而成，故又稱渾鑄法。大洋洲青銅器群都是用泥範塊範法鑄造成型的，其中有一部分容器特別是工具、兵器和雜件是用渾鑄法一次鑄成。每種器物所需之泥範，要根據器物的大小和複雜程度來決定。工具、兵器等多採用雙面範；大而複雜的容器，其泥範則至少三塊以上，甚至更多。

以標本三圓渦紋柱足圓鼎為例，此鼎沿三足外側中線分型，由三塊側範、一塊底範和一塊腹芯組成鑄型。腹芯自帶雙耳內芯，並與三足芯為一體。此鼎從二足端倒立一次性澆注而成。

不僅青銅器有的渾鑄成形，就是成份為紅銅的也一次渾鑄成形，如新幹中棱水庫埧基出土的幾件紅銅鼎，從其頸、腹、足的鑄縫來看，腹部是採用三塊腹範、一塊底範、一塊腹芯的鑄型，足則對開分型，用二塊側範、一塊泥芯作鑄型，然後一次渾鑄成形，鑄成後，體內或足、耳部的泥芯，多自行取出或剔去，有的也予保留，以填實附件的中空部位，還可起到加固的作用。這是

用先進的泥範塊範法鑄造落後紅銅器的代表性事例。

3. 分鑄與渾鑄綜合法

　　即在一件器上，有的部件採用分鑄鑄接，而有的或主要部位則又採用渾鑄成型，如以標本四十七提梁方腹卣為例（圖 15），不僅器形較為少見，工藝也十分複雜，是商代青銅鑄造工藝的傑出代表。雖卣蓋、提梁和卣腹以及蛇形飾也是各自獨立分別鑄造，但卣腹則是渾鑄成形。蛇形飾一端銷於蓋而另一端掛於提梁的鼻上，提梁與卣腹的配合間隙十分窄小，當是卣腹鑄造成型後，再使提梁成型的。提梁鼻有明顯的鑄接痕，是先鑄成形的，因此，鑄接提梁時既要與卣腹套接，又要與鼻鑄接。蓋面對開分型，蓋由二塊面範和一塊泥芯組成鑄型。蛇形飾為片狀，形雖不規則，但易於對開分型，由相同的二塊範組成鑄型。提梁鼻也是由二塊泥範組成的鑄型。卣腹肩部的兩環耳為開槽下芯法鑄造成型，即在卣腹的相應泥範上開槽（或者翻製出槽），然後將泥芯放在槽上，在澆注卣腹時環耳也就形成了。卣腹為渾鑄成型，腹部沿四角分型，四塊側範（其中 2 塊範上安置有環耳芯）、一塊腹芯、一塊十字通道泥芯、一塊夾底範和一塊圈足芯組成鑄型（圖）。圈足內有隔斷形成雙層底，因此，圈足泥芯應是由兩段合成的。提梁兩端龍頭的雙角高聳，當系範作紋飾，龍頭對開分型，左右各一塊範，在提梁上合攏，於提梁中央分為兩段。提梁鑄型由四塊龍首範（並延長其中 2 範與底範徂合）、一塊底範（自帶龍首內芯）和泥芯上穿孔形成與卣腹半圓形環耳套接的橫擔組成。卣蓋由口沿倒立澆注，蛇形飾和提梁鼻的澆注方式任意，腹由圈足底沿倒立澆注，提梁從中央正立澆注。

4. 大量使用銅芯撐

芯撐又稱「支墊」或「墊片」，是指鑄造青銅器過程中，在組裝泥範鑄型時，為了固定內外範、控制器壁厚度、避免澆注時內範偏位或外範錯位而特別在內外範之間的適當部位放置的一種支撐材料，這種支撐的材料有泥釘和銅片。銅墊片無疑比泥釘的固定性能要好，而且用泥芯撐澆注成形去除泥範後，還要多一道將泥芯撐的孔洞進行補鑄的工序，所以泥心撐一般多見於早期，銅芯撐則較晚出現，銅芯撐的使用是青銅器鑄造工藝上的重大進步，是中國三〇〇〇多年前之所以能鑄造出此精美華貴而又氣勢恢宏的青銅器的一個重要保證。

新幹青銅器群容器中，普遍使用了芯撐，除相當鄭州二里崗期商代中期的幾件早期青銅器上尚保留有泥芯撐或兩者兼有之外，其他大部分容器都是銅芯撐，偶爾兼有少量泥芯撐，而且每件器上的銅芯撐數量特多，這是新幹青銅器群在鑄造工藝上的一大特色。如標本四十二假腹豆底部，有個自帶泥芯撐的補塊；標本六弦紋錐足圓鼎上竟使用兩重六個銅心撐；標本獸面紋立耳方鼎，底部四預鑄孔自

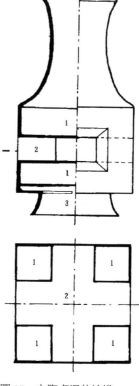

圖15　方腹卣泥芯結構
1. 卤腹尼芯
2. 「十」字通道泥芯
3. 圖足泥芯

帶泥芯撐，而耳部又置設有銅芯撐，即兩者兼用；又如標本十二獸面紋虎耳銅方鼎，底部在兩足之間置有四個銅芯撐，銅芯撐的表面至今尚可看到紋飾，當是打碎的舊銅器碎片；標本一獸面紋柱足圓鼎，其紋飾帶下竟放置三重銅芯撐，最上一重竟有十五個，底範的外側也設置有一重銅芯撐，每足根的內側可見到二個銅芯撐，且排列有序；標本三十八四足大甗，上部甑收腹處可見一周銅芯撐，計十六個，多呈方形，尺寸約 16×16 毫米，只是兩足之間設有個泥芯撐，至今尚見有補鑄痕。值得注意的是，前三件都是早於殷墟的商代中期器，使用泥芯撐的頻率較多，有的兩者兼而用之，但有的也全用銅芯撐；後三件都商代晚期器，大量盛行銅芯撐，只是偶爾兼用少量泥心撐。

　　據早年有關科技史專家的檢測研究[67]，在鄭州二里崗時期的青銅器群和湖北盤龍城出土的青銅器中，直至現在只發現個別銅器才使用過芯撐，且所發現的是使用了自帶泥芯撐，而不是使用銅芯撐。到商代後期，特別是殷墟出土的大批青銅器中，只是個別器物使用了銅芯撐，芯撐的使用量也很少，直至西周時期，如寶雞虢國墓地青銅器上才普遍較多地使用銅芯撐[68]。因而有的學者推論：「目前的資料說明銅芯撐的使用南方可能早於北方，有理由認為銅芯撐可能起源於中國南方某些地域，爾後這種工藝才

67　參見周建勳《商周青銅器鑄造工藝若干探討》（碩士論文），中國科學院自然科學史研究所，一九八六年。

68　參見蘇榮譽等《中國上古金屬技術》，山東科學技術出版社，一九九五年。

傳播到了中原地區，成為中原青銅器鑄造中的一個關鍵工藝。」[69]
近年來，有的學者進一步對盤龍城二里崗期青銅器進行檢測結
果，認為盤龍城同樣比較普遍地使用了銅芯撐，是這一工藝的較
早實例[70]，因而有的學者據此又推論：「大洋洲青銅器群使用銅
芯撐，可能是向盤龍城學習的結果。」[71]這種推論是完全可能
的，因為在吳城文化中，整個泥範鑄作工藝，包括熔銅的半地穴
式熔爐以及泥範塊範法鑄造過程中使用的嵌附件陶管等都是向中
原向盤龍城引進的，但是，中原鄭州二里崗和殷墟時期的青銅器
上少見銅芯撐的事實，又不能不讓人考慮是否有另一能可能性，
那就是，當商代中期，中原商人南下帶來先進泥範鑄造技術（包
括泥芯撐技藝）後，南方的盤龍城以及吳城文化的工匠們，發現
銅芯撐的優越性更多，加以南方銅料多，鑄工們很容易就地取
材，因而流行將一些破碎的銅片用來作為墊片使用，而中原的銅
料資源一直顯得珍貴、緊張，破碎的銅塊還需要收集回爐熔化再
鑄，這應該是商後期殷墟青銅器中較少見銅芯撐的一個重要原
因。

69　參見蘇榮譽等《新幹商代大墓青銅器鑄造工藝研究》，《新幹商代大
　　墓》附錄九，文物出版社，一九九七年。

70　參見胡家喜《盤龍城遺址青銅器鑄造工藝探討》，《盤龍城》附錄七，
　　文物出版社，二〇〇一年。

71　參見彭明瀚《吳城文化研究》，文物出版社，二〇〇五年。

二　陶瓷燒造業

贛境地區自一萬二千年前的萬年仙人洞、吊桶環先民發明早期條紋陶和素面陶後，歷經新石器時代中、晚期數千年的發展，到商代，陶瓷燒造業發生了巨大的變化，無論從陶器種類、器形演變、質地水準、製作工藝、裝飾紋樣，或是燒造技術等等諸方面都有了較大的發展和提高。正如在前一章所介紹的那樣，成功地燒製出幾何形印紋陶和原始青瓷，這是吳城方國和南方同時期的古代居民取得的兩項突破性的技術成就，它是三千多年前先進製陶術的代表，其技術和產品源源不斷輸入鄰近地區，給鄰近地區文化的發展和文明的進步產生巨大影響，與此同時，也傳入到中原地區，使中原地區發達的陶器製造業滿園春色，錦上添花。

1. 分別精選陶瓷原料

陶瓷的基本原料是黏土，黏土是一種含水鋁矽酸鹽礦物。它的主體化學成分是 SiO_2、Al_2O_3 和水，此外，還有少量的 Fe_2O_3、K_2O、CaO、Na_2O 等夾雜物質。中國幅員遼闊，各地黏土所含化學成分和各種夾雜物質不同，黏土本身的可塑、結合、燒結和耐火甚至操作諸性能也很不一致。有的黏土性能較差，不宜製陶；有的性能適中，可燒一般陶器；有的典型黏土如高嶺土瓷石、多水高嶺土和臘石等，是燒造精細瓷器的的良好原料。能否製陶或製瓷，關鍵在於原料是否具有較好的成型性能和能否易於燒結。

在人類發明陶器初期，製作陶器一般是就地取料，如江西萬年仙人洞出土的早期陶器，含石英顆粒較多較大，說明這些砂粒是黏土固有的，未經人工篩選，通過對仙人洞附近紅壤土的化學

組成與早期陶片的化學組成的檢測結果非常相近來看，當時的原始先民就是就地採用當地的紅土製陶。到新石器時代中期以後，從很多實驗結果來看，中國南北各地的原始先民就初步懂得選擇泥土來燒造陶器，如在黃河流域，仰韶和龍山文化中的紅陶、灰陶和黑陶就不是一般的黃土，而是經過選擇的紅土、沉積土、黑土和其他黏土。[72]南方包括贛江流域地區的情況也大體如此。據李家治對南方一些新石器時代至漢代陶胎的化學組成的資料分析來看[73]，時代愈往後，所選擇的製陶黏土中，AI_2O_3（三氧化二鋁）所含的比例就愈高。萬年仙人洞早期陶器的含量為百分之二十七點七，崧澤文化一般為百分之十八至百分之十九，良渚文化為百分之二十一左右。AI_2O_3 的增多，提高了黏土的耐火度，加上窯爐技術的改進，使燒成溫度逐漸提高，如新石器時代早期萬年仙人洞早期陶器的燒成溫度都是在攝氏七四〇到攝氏八四〇之間變動，而到新石器晚期的馬家濱文化崧澤期、良渚文化和江西的山背文化、築衛城文化時陶器的燒成溫度已接近攝氏一〇〇〇度了。

也就在新石器時代晚期，即距今五、六千年前，中國南方一些地區包括贛江流域開始出現拍印有真正幾何形圖案花紋的印紋

72　參見周仁等《我國黃河流域新石器時代和殷周時代制陶工藝的科學總結》，《考古學報》一九六四年第一期。

73　參見李家治《我國古代陶器和瓷器工藝發展過程的研究》，《考古》一九七八年第三期。

陶器,我們稱之為早期幾何形印紋陶[74]。

到距今四千年左右,也即新石器時代末期,南方地區拍打幾何形紋樣於陶器器表的裝飾藝術得到初步發展。以贛境地區為例,這一時期的文化可以樟樹築衛城中層、樊城堆中層、高安下陳遺址以及廣豐社山頭文化第三期為代表,這時開始出現少量火候較高的幾何形印紋硬陶片、羊角式把手、雞冠形紐蓋以及極少量的釉陶和白陶等。釉陶和白陶的出現,說明築衛城遺址中層所處時代的製陶技術,從選料、淘洗、揉泥、作坯以至燒窯等方面都比新石器時代晚期有明顯提高。

上述贛境地區自新石器時代晚期以來製陶技術上的成就,無疑為商代吳城方國幾何形印紋陶的發展和興盛以及原始瓷的創燒打下深厚的工藝基礎。

冶陶,原料的選擇是第一步,而從冶陶到燒瓷的轉變,原料的選擇與精選則更是陶瓷工藝上的重大突破之一[75]。經現代化學方法的多家檢測表明,吳城方國的居民在新石器時代晚期以來對陶土已有初步認識基礎上,已進一步懂得選用不同的黏土、瓷土可以燒製成軟陶、硬陶和原始青瓷來,即選用一般可塑性好的易黏黏土只能燒製軟陶;選用介於一般黏土和潔白瓷土之間的黏土就可燒出溫度比軟陶更硬的硬陶器;選用潔白的瓷土,就是含

74 彭適凡:《中國南方古代印紋陶》,文物出版社,一九八七年。

75 李家治:《中國古代陶瓷科學技術成就》,上海科技出版社,一九八五年。

Fe_2O_3 很低的高嶺土就可燒出原始青瓷。贛境地區這些不同黏土和瓷土各地都有廣泛分布，一九九五年吳城遺址發掘中，在製陶區發現了成片的瓷土[76]，這是當年冶陶的遺物，是吳城工匠們用瓷土燒製原始青瓷的極好物證。

多年來，有的學者認為，印紋硬陶的胎泥原料和原始瓷一樣，都是一種難熔黏土和耐火黏土，即所謂「碎屑岩類耐火黏土」[77]。上海矽酸鹽研究所測定兩者在化學組成分布圖上，「商代硬陶和印紋陶以及漢代水波紋陶的組成點已和原始瓷的組成點混在一起。」[78]

但是，根據我們對幾何形印紋硬陶的外表、斷面觀察以及全面理解所有至今已測試的胎料化學成分資料來看，無論軟陶還是硬陶，大部分都與原始瓷的質態不盡相同，應屬於陶的系統。

首先，從外表和斷面觀察，幾何形印紋軟陶既有紅陶，也有灰陶；硬陶多紫褐色或灰褐色；而原始瓷大多為灰白色，只有極少數為純白微帶黃色，或灰帶黃色。呈色的不同，當然與胎內含所含鐵（Fe）、鈦（Ti）等夾雜元素多少及窯內火焰氣氛的差異有關。

其次，從南方各地出土商周陶瓷胎料的化學組成來看，儘管

76 參見江西省文物考古研究所等：《江西樟樹吳城商代遺址第八次發掘簡報》，《南方文物》一九九五年第一期。

77 參見朱江《江南地區印紋硬陶質態問題》，《文物集刊》第三輯，文物出版社，一九八一年。

78 參見李家治《我國古代陶器和瓷器工藝發展過程的研究》，《考古》一九七八年第三期。

三氧化二鋁的含量大體一致，但印紋硬陶的平均含鐵量明顯要比原始瓷的含鐵量要高。據早年輕工業部陶瓷工業科學研究所對江西地區從商到春秋戰國的七件印紋陶標本的測試結果看[79]，其 Fe_2O_3 的含量，就有五件標本在百分之三以上，新幹中棱水庫壩基出土的印紋硬陶含量達百分之五點一二。這裡，我們不妨集中比較一下九江磨盤墩下層出土的三件標本的測試資料：一號為印紋紅軟陶，二號為印紋硬陶，三號為原始青瓷，它們的 Al_2O_3 含量，分別為百分之十七點八八、百分之十八點三五和百分之十六點二五；Fe_2O_3 的含量則分別為百分之五點五九、百分之三點五九和百分之二點〇三，其燒成溫度也依序提高，分別為攝氏一〇四〇度、攝氏一二〇〇度和攝氏一三一〇度。可見，江西地區幾何形印紋陶和原始青瓷的胎料成分也主要表現在 Fe_2O_3 含量的不同。儘管目前科技界還沒有一個按化學成份劃分陶、瓷土的絕對標準，但是，南方各地印紋硬陶中含鐵量一般比原始瓷偏多的客觀事實，正表明它們之間的胎料成分並不完全相同，何況印紋陶還應包括相當數量的印紋軟陶，其胎料和原始瓷更有本質上的不同。

應該看到，印紋硬陶中的 $Fe2O3$ 含量，比之新石器時代的一般紅陶或灰陶中的含量已相對減少，這說明商代吳城方國的居民除已能選擇一種瓷土燒製出原始青瓷外，還能選擇一種品質介於一般黏土和瓷土之間的黏土燒製出大量的印紋硬陶器。

79　參見彭適凡：《中國南方古代印紋陶》，文物出版社，一九八七年。

2. 多種拉坯成型技術

在選擇好胎料並進行拌水、揉製和陳腐後，即可開始拉坯成型。吳城方國居民陶瓷器的成型方法，概括起來，大致有手捏法、泥條盤築法和模印法三種，以泥條盤築最為普遍。

第一種，手捏法。是新石器時代以來傳統而簡單的成型法。一般多用在小型器物的成型上，其特點是器形不甚規整，胎壁厚薄不一，甚或凹凸不平。還有就是用於器物的把手、器耳或器足等附件上，如大量鬲足的下端，都是用手捏法一層層包裹上去的。

第二種，泥條盤築法。是商代廣為流行的製陶方法。此法多是在陶車上進行的，且多採用慢輪。在很多印紋陶的罐、缸、甕、尊的口沿上，常常可以見到一道道基本平行的同心圓紋；在肩部或腹部往往出現多道細密而又平行的弦紋；某些印紋硬陶的造型是那樣圓正規整、比例均勻對稱，這些都應是在陶車上留下的工藝遺痕。

這裡，試以小口折肩罐為例，再現其成型的全過程。

先將已煉好的泥塊放在陶車上壓平，修成圓餅形，圓餅四周的斷面修削成傾斜狀，即圓餅的面徑大於底徑，這就是器底，然後用右手執直徑約二至三釐米不等的泥條，以左手掌為依託，將泥條擠壓成泥片圈接在器底四周的斜面上，從而形成了一圈下接器底高約四釐米的器壁。當第一圈盤好後，再用手在上沿捏成內高外低的斜面，作為接塑第二圈的介面，然後在第一圈的泥條外側盤塑第二圈器壁，接著用同樣的方法依序向上盤塑，直至器口。然後加接器口，口沿盤接好後，即用工具將唇沿壓平，並修

削頸部，有的可能就用粗布蘸水將口沿及頸部抹平，至此，小口折肩罐的「粗坯」基本製成。剩下一項就是圜凹底了，圜凹底製作是待坯涼乾後，將其放在雙膝上，左手托著內底，右手執著蘑菇狀陶印模在外底中間向內擠壓，最後形成圜凹底。至此，一件小口折肩罐的泥坯就算製作成型了。

第三種，模製法。是指用預製好的範模製作陶器的方法。一般多用來製作比較簡單造型的工具如馬鞍形陶刀或少量的陶鐮等。吳城遺址曾出土過一件馬鞍形陶刀範，硬陶質地，上面陰刻一周圈點紋，正好與出土的馬鞍形陶刀合範。模製法比較簡單，代價又低，適用於批量生產，吳城方國境諸遺址中普遍都出土有馬鞍形陶刀，特別是吳城遺址就出土數百件之多，這樣消耗大量的陶製工具只有用模製法才能滿足社會生產之需求。

3. 精心拍印裝飾

在一件陶器拉坯成型後，不論器表裝飾與否，都必須對器物進行通體拍打，最早用來拍打的工具多為木製。當右手執木拍在器表拍打時，左手必須持墊在內壁襯托，使之不易變形。這種內墊有石質的、陶質的和原始瓷質的，且都是素面，形狀有蘑菇狀、方柱狀、圓柱狀、葫蘆狀和圓餅狀等種。

坯體經過拍打後，就可進行拍印紋飾的工序了。一般是從上到下拍印，在右手執模拍印紋飾的同時，左手也必須持墊在內壁相應地托住，所以器物內壁往往留下托墊的凹窩。至今吳城文化遺址中發現的印模只有石印模和陶印模兩種，可能有相當部分印模是木質的，如在新幹大洋洲墓葬出土的一件小口原始折肩甕和大口折肩尊的肩部就分別刻有「－口」、「－||||」帶柄木拍的圖

案，因為木質印模刻紋容易，又較耐用，只是歷經數千年早已腐朽不存。印模的形狀也多樣，目前只發現有蘑菇形、長方形、近方形等數種，模面均較平整，表面陰刻有雲雷紋、方格紋和曲折紋等，實際吳城方國居民用來製陶的印模一定很多，模面紋樣種類定很豐富，因為在吳城文化發展最興盛的二、三期時，幾何形紋樣的種類最多達三十餘種之多。

吳城文化的陶器上，尚有一些非幾何形的紋飾，這些紋飾有的則不是用印模拍印的，如一些器物的頸或肩部常見的細密凹弦紋、錐刺紋和篦點紋等，很可能是用一種竹工具戳刺和刻劃的。常見的圓圈紋和圈點紋，多是沿用新石器時代以來傳統的作法，即利用南方盛產的空心小竹首直接壓印而成。

4. 多種施釉工藝

在坯體拍印裝飾工藝完成後，如有的器物上需要施釉，就必須在入窯爐燒造之前加一道施釉工序。如果是在印紋軟陶或印紋硬陶器上施釉，燒出來的成品因器表有一層薄薄的光亮釉層，我們稱之為「釉陶」；如果是在用瓷土作胎的成品上施釉，我們今天則稱為「原始瓷」，正如羅宏傑所建議的那樣「將以瓷石為原料製胎，並施有釉的商周時期的陶瓷產品稱之為原始瓷器；而與印紋硬陶胎體組成相同的那部分帶釉器物（由富 Fe_2O_3 黏土配製而成）則應稱為釉陶。」[80]

80　參見羅宏傑、李家治《試論原始瓷器的定義》，《考古》一九九八年第七期。

商代吳城方國陶工們施用的釉，如同南方其他一些地區的一樣，都是一種用天然磷酸碳礦物配合粘土做成的石灰釉，鐵是釉的主要著色劑，氧化鈣（CaO）是釉的主要熔劑。吳城商代釉陶和原始瓷的呈色多為青黃色或米黃色，也有少數系醬褐或茶葉末色。其施釉的方法，大概有刷釉、浸釉和蕩釉等，從吳城商代陶瓷器表面的釉層普遍較薄推測，器表主要採用刷釉的方法；有的器物內壁上也施釉，可見也已經運用了蕩釉的工藝。

贛境地區，早在築衛城中層的新石器時代末期階段就已產生最早期的所謂「天然釉」，只是那時的「釉」不是人工有意所為，而是隨著窯爐技術的改進，窯室溫度的提高，塗抹在陶胎上的化妝土在高溫條件下與燃燒過程中產生的草木灰有機結合而自然形成的，景德鎮窯工稱之為「爆汗」，在高溫下窯壁上形成的光亮面，則稱為「窯臘」或「窯汗」。商代吳城窯工們在釉陶和原始瓷上所施的人工釉，是在新石器時代末期以來那種「天然釉」的啟迪下，經過長期的不斷實踐和發展最終創制而成的。從天然釉到人工釉是製陶技術上的一個重大轉折，而商代吳城的窯工們已完成了這一轉變，取得了創燒原始瓷的重大成就。

5. 先進窯爐技術

入窯燒造是陶瓷製作的最後一道工序，也是最關鍵的一道工序，因為陶器品質的好壞和原始瓷能不能燒成，和陶瓷燒造溫度有極為密切的關係，而溫度的提高，除了胎料本身內在的因素外，主要是有賴於窯爐的不斷改進和燒造技術的提高，所以一般把窯爐看作是反映窯業技術進步最敏感的指示器。

吳城遺址中大量幾何印紋硬陶和原始瓷器的燒造溫度，經測

試的結果，印紋硬陶多在攝氏九九〇到攝氏一一九〇度左右，原始瓷器為攝氏一一五〇度到攝氏一二〇〇度，也就是說，印紋硬陶的燒成溫度已和原始瓷接近，但是，要達到這樣高的燒造溫度，關鍵就是窯爐結構的改進。

　　吳城文化系統諸遺址至今已發現的窯爐共計十五座，其中修水山背養鴨場上層一座[81]、吳城遺址有十四座[82]。從窯爐形狀來看，可分為圓形、圓角三角形、圓角方形和長方形四類，如從焰型來分，則可分為升焰式窯、半倒焰窯和平焰窯等，以升焰式窯最多。吳城遺址發現的窯爐都集中分佈在肖江南岸數千平方米範圍內的丘陵山坡上，形成一個大型窯場。

　　第一種，升焰式窯，是指火焰通過窯箅上升至窯頂然後通過煙囪噴出而燒成陶器。目前僅吳城遺址就發現

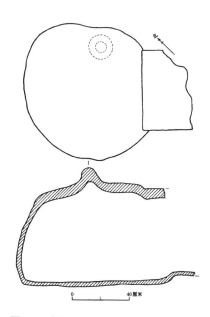

圖16　升焰式圓形窯平、剖面圖

81　參見江西省文物管理委員會《江西省修水山背地區考古調查與發掘》，《考古》一九六二年第七期。

82　江西省文物考古研究所等：《吳城》，文物出版社二〇〇六年。

十座。

例一，吳城遺址發現（1974Y1），圓形窯，屬吳城文化二期。窯體呈上小下大的覆缽狀。窯殘高○點八米、窯膛最大徑○點九七米、底南北長一點一○米、東西寬一米，偏東有一火門，無火膛，也無火道。門牆殘長○點一五米、高○點六米、寬○點五五米，在火門處保留有較多的木屑，在火門下部尚留有○點一○釐米左右高的陶泥燒結塊，可能為封門土坯，窯壁略呈弧形，上部內傾，下部略外凸，厚○點○三米，窯底呈橢圓形，上鋪一層陶泥，圓形拱頂，頂壁厚○點○六米，窯頂上偏東有一圓形煙囪，煙囪內徑○點一五、厚○點○二至○點○三米（圖16）。

例二，吳城遺址發現（1987Y1），圓角方形窯，亦屬吳城文化二期[83]。窯爐由火道、火膛和窯室組成。窯長四點六○米、寬（窯室加火膛）三點二○米、窯壁殘高○點七○米到一點○五米。火道五個，自南至北各寬○點四五米、○點四○米、○點五○米、○點四五米、○點四四米，窯床底高出火膛底十釐米，火道底近平但斜連窯床和火膛底，形成火道。窯室在火膛的東側，南北長四點四○米、東西寬一點一○米，窯東、南、北三壁均向內傾斜度，殘存最高壁處開始出現內弧，當是窯頂開始起券拱起處。燒土壁厚○點一二米，已燒結成青褐釉層。火膛保留南、北兩窯壁，西壁已破壞，東壁由四個孔墩和五個火道口組合，將窯

83　參見黃水根等《吳城商代遺址窯爐的新發現》，《南方文物》二○○二年第二期。

室隔於東側。火膛南北長四點六〇米、東西寬二點一〇米、窯壁殘高〇點七〇米到〇點九〇米、燒土壁厚〇點〇九米，火膛呈磚紅色。火膛壁殘留最高處，也開始出現內弧起券。火膛東面四個孔墩，自南至北殘高〇點五〇米、〇點六二米、〇點四〇米、〇點四五米，每個孔墩約〇點五〇米見方，呈圓角方柱形。窯內堆積分兩層，有大量燒土塊、炭塊以及印紋軟陶、印紋硬陶和原始瓷殘片等，說明印紋硬陶和原始瓷是混合裝燒的。

第二種，半倒焰窯，是指火焰經過火道進入窯室沖向窯頂之後又折向下而從底向外噴出而燒成陶器。如吳城遺址發現的一座（1975T1Y1）[84]，圓形窯，屬吳城文化二期，已殘，只剩窯室和火道兩部分，火膛已遭破壞。窯室呈上小不大之覆缽狀，窯膛最大徑東西一點四、南北一點三米，窯底圓形，基本平整，南北一點三、東西一點二五米，火道向南，呈斜坡狀，口寬〇點四六米、長〇點六米，在窯室東壁底部有三橢圓形孔，孔徑〇點一米，應為出煙孔。從火道呈斜坡狀來看，似屬橫穴窯型，但出煙口在東壁底部，屬半倒焰窯範疇，比出煙孔存頂部的升焰窯要進步得多。當火焰經過火道進入窯室沖至窯頂之後，又折向下，這樣火焰來回升降，導致了窯內溫度的升高。

第三種，平焰窯即龍窯，目前只在吳城遺址發現四座。以

84　參見許智範《江西清江吳城遺址第四次發掘的主要收穫》，《文物資料叢刊》第二輯，文物出版社。

1986Y6 為最典型[85]，屬吳城文化二期，長方形（圖 17）。保存基本完好，北偏西六十八度。窯頭在西北，窯尾在東南，窯頭被破壞，窯床殘長七點五〇米，窯尾南北寬一點〇七米，窯頭殘寬一點〇一米，窯壁殘高〇點一〇到〇點二〇米，厚〇點〇六米到〇點二八米，整個窯爐面積約八平方米。窯頭至窯尾的水準高差為〇點一三米，坡度為一點七度。北壁設有九個投柴孔，一字形排列，由西向東各寬〇點三六米、〇點三二米、〇點四〇米、〇點三二米、〇點四二米、〇點四二米、〇點四二米、〇點三二米、〇點二八米。南壁內側中段，在原燒土壁上有一層加抹的泥層，長一點一〇、厚〇點一〇米，表明此窯曾多次修補使用。窯內堆積豐富，除燒土塊、炭屑等外，出土印紋軟陶、印紋硬陶和原始瓷計五十片，尚有一件殘石器。

龍窯是從升焰式窯發展演變而來，即從平底的升焰式窯演變為有傾斜度的平焰式窯，這種窯不僅窯室長，空間大，從而容量大，而且由於有傾斜度，形成一種抽力，能大大提高窯室溫度，再而又獨創了分段投柴、依序燒熟的方法，為解決分段燒成的難題作出了革命性的探索，儘管至今發現的龍窯傾斜度還較小，投柴孔也只設於一側，表現出相當原始性，但它已從傳統的升焰窯發展到平焰式窯，這是中國窯爐技術史上的一大突破，不僅在當時的江南地區，即使在整個中國大陸都堪稱先進。它是吳城方國居民的一項偉大創造，是對中國窯業技術發展的重大貢獻。

---

85 參見李玉林《吳城商代龍窯》，《文物》一九八一年第一期。

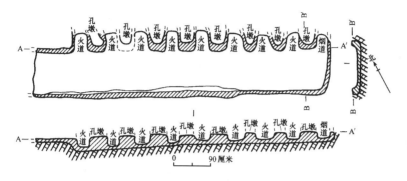

圖 17　平焰窯龍窯平、剖面圖

三　琢玉業

除治鑄工業和陶瓷燒造之外，吳城方國境其他諸如玉器琢製、竹木加工、絲麻紡織、漆器製造和建築業等等都有較快的發展，特別是琢玉業更是商代除中原商王朝以外方國玉器製作業的代表。

新幹商代大墓除出土大批青銅器外，堪與青銅器美的是各種精雕細琢的玉器飾品[86]，總計達七五四件（顆），其中屬大件或完整器

圖 18　玉瓊

86　江西省文物考古研究所等：《新幹商代大墓》，文物出版社，一九九七年；彭適凡：《新幹古玉》，臺灣典藏藝術圖書公司出版，二〇〇三年。

者為二十五種計七十五件（串）。屬禮器的琮（圖18）、璧、環、瑗、玦和璜等；屬儀仗兵器的有戈、矛、鏟等；屬裝飾品的有鐲、蟬、蛙、魚形墜、柄形器、勒笄形墜飾、側身羽人佩飾、神人獸面形飾件以及項鏈、長管、串珠和水晶套壞等。那件側身羽人佩飾，更是玉器中的絕品，她作側身蹲坐狀，「臣」字目，大耳，鉤喙，頭頂鳥形高冠，鳥尾斂並後卷成一孔，再以掏雕技法琢出三個相套的鏈環；雙臂拳曲於胸前，膝彎曲上聳；腰背至臀部陰刻出鱗片紋，兩側各琢有羽翼，腿部也琢出羽毛。整個羽人的套環用一塊璞料圓雕而成，有機地把人、獸、鳥集於一身，想像豐富，構思巧妙，她是三千多年前吳城方國土著居民固有傳統精神風貌的反映，同時，也反映出他們高超的琢玉工藝水準。

第三節 ▶ 商業

商代，隨著農業、畜牧業、手工業的快速發展，社會分工的進一步擴大以及城邑的逐步興起，商業往來以及相關的交通道路也有所發展。後來歷史上，把做買賣和交易的行業叫作「商業」，把做買賣的人稱作「商人」，都是淵源於此。

中原商殷王朝的商業貿易及交通道路的發達情況，地下考古資料和見諸甲骨文的材料頗多，吳城方國的這方面資料相對較少，只能根據僅有的零星的材料作些初步推斷和分析。

一　社會分工擴大與城邑興起

　　馬克思曾經指出：社會分工「是商品生產存在的條件」[87]。列寧也指出：「社會分工是商品生產的基礎」。[88]早在新石器時代晚期，農業與手工業的開始分工就導致了原始交換的產生，到商代時，由於社會分工的擴大，更促進了商業貿易的進一步發展。有關文獻史料就給我們提供了很有說服力材料。《管子·輕重戊》雲：「殷人之王，立帛牢，服牛馬，致遠，以為民利。」《尚書·酒誥》中載及西周初年周公規勸從殷都遷往妹土即衛國附近的庶民道：「小子惟一妹土，嗣爾股肱，純其藝黍稷，奔走事厥考厥長。肇牽車牛，遠服賈用，孝養厥父母；厥父母慶，自洗腆，致用酒。」意思是告誡殷遺民要專心住在衛國，專心致意地種植黍稷，勤勉地奉事你們的父兄。農閒之時，趕著牛車載上多餘的農產品到遠方去做生意，賺取錢財，以孝養父母，父母高興，你們辦好豐盛的膳食，可以痛快飲酒。可見商周之際，中原地區商業貿易的發達。

　　吳城方國商業貿易的發展同樣是社會大分工深化的結果。吳城居民的農業和手工業都很發達，不僅這兩大產業間已形成固定的分工，而且在手工業中，又有青銅採冶業、鑄造業、製陶業、琢玉業、紡織業、建築業、竹木業、漆器業和煮鹽業等眾多行業

87　《馬克思恩格資本論》第二十三卷，人民出版社一九七二年版，第55頁。

88　《列寧選集》第一卷，人民出版社一九七二年版，第161頁。

部門，每一行業內部又有較細的分工。僅以鑄銅業為例，製模製範的「工」人與澆注的「工」人有分工，而製陶範的和琢製石範的又有分工，只有這樣專業化，才能保證鑄品的品質和技術水準的不斷提高。

隨著社會大分工的擴大和商業貿易的發展，因而相繼出現了人口較為集中的城邑。在中原王都所在地，至今發現屬商代早期的城市遺址有河南偃師屍鄉溝商城，大多數學者考證為是湯都西亳所在地，城址四周有夯土城牆相圍。城址平面呈長方形，南北長一七一〇米，東西寬一二四〇米，城區面積為一九〇萬平方米，共有七個城門供出入[89]。屬商代中期的城址有鄭州商城，即商王仲丁遷都的所謂隞。城址平面也呈長方形，北垣長約一六九〇米，西垣長一七〇〇米，南垣和東垣均長一八七〇米，城區面積約為三一七萬平方米。商代遺址範圍達二十五平方公里[90]。以安陽小屯為中心的殷墟，是商代後期盤庚遷都後的王都，其城市規模比鄭州商城必然大得多，據近年發掘的洹北花園莊商城看，其城內面積就達四七〇萬平方米[91]。

與此同時，王都周邊一些地區即所謂「四土」也相繼形成了

89 參見趙芝荃、徐殿魁《偃師屍鄉溝商城的發現與研究》，《中國古都研究》第三輯，浙江人民出版社一九八七年；趙芝荃：《二里頭遺址與偃師商城》，《考古與文物》一九八九年第二期。

90 參見河南省博物館等《鄭州商城遺址發掘報告》，《文物資料叢刊》，第一輯，一九八七年。

91 參見中國社科院考古研究所《河南安陽市洹北商城的勘察與試掘》，《考古》二〇〇三年第五期。

諸多方國，這些方國也建立起大小不等的都城，諸如長江上游的四川廣漢三星堆古城，是商中期古蜀國魚鳧族或杜宇族的方國都城，該城北面以古雁江作屏障，東、西、南都用土坯築砌有城牆，城址東西長一六〇〇到二一〇〇米，南北寬一四〇〇米，城區面積約二二四萬到二九四萬平方米[92]。至於湖北盤龍城，是商代中期商王朝在長江邊上建立起的一個城市，實際是一軍事據點，它直接受中原商王朝的管轄和控馭。它不僅夯築有城垣，還發現了大型宮殿基址，城垣南北長約二九〇米，東西寬約二六〇米，城內面積為七五四〇〇平方米[93]。

地處長江中游的南方吳城方國是商王朝周邊地區眾多方國之一。正如前面所介紹的，吳城方國也已形成都邑，也壘築有城牆，城牆始築於吳城文化一期，即商代中期，到吳城文化二期即相當殷墟文化第一期時，開始大規模加寬加高，形成一座雄偉壯觀的方國都城城址。城址平面呈圓角四方形，城牆周長約二八六〇米，城內面積約六一點三萬平方米，辟有東、南、西、北、東北五個城門。整個吳城遺址的分布面積達四平方公里。

從城邑的規模來看，很顯然，吳城都邑不僅比同時期的中原商王都鄭州商城小五倍，比商代後期的洹北商城小八倍，比商代早期的偃師屍鄉溝商城也小三倍多，而且比長江上游的三星堆方

---

92 參見陳德安等《蜀國早期都城初露端倪》，《中國文物報》一九八九年九月五日。

93 參見湖北省博物館等《盤龍城一九七四年田野考古記要》，《文物》一九七六年第二期。

國古城也小四倍多，但值得注意的是，它比隔大江相望的湖北盤龍城古城卻要大八倍多，比商代中期的山西東下馮商城大六倍，比垣曲古城大五倍多[94]，比商代晚期的陝西青澗李家崖據說是鬼方的都城要大九倍[95]，所以，吳城方國的城市規模比之中原商王都明顯要小，到商代晚期，只有中央王都城區的八分之一，但與中原王朝以外的方國都城相比卻還居於中上的規模。尤引人注目的是，就在距吳城古城二十公里外的贛江東岸還有一座規模與之相近的牛頭城古城，城邑分布如此密集，這在商王朝以外周邊方國中至今尚未發現。

城邑的規模大小和居民人口的數量是緊密相聯的。林沄根據《戰國策・趙策三》趙奢所述：「古者四海之內分為萬國，城雖大，無過三百丈者，人雖眾，無過三千家者」的人口密度推算，指出依古代一尺合〇點二三米，城垣三〇〇丈的周長應為六九〇米，則城的面積為四七六一〇〇平方米，城市人口三〇〇〇家，其人口密度大體為每戶占地一六〇平方米左右[96]。按這照這個計算方法，吳城古城面積六一點三萬平方米，則城內有居民三八三

---

94 山西垣曲古城平面略呈平行四邊形，城內面積約為一二五〇〇〇平方米。見佟偉華：《垣曲古城商代前期城址》，《考古學年鑒》（1986），文物出版社一九八八年版，第94-95頁。

95 陝西李家崖古城平面呈不規則長方形，城內面積約為六七〇〇〇平方米。見張映文等：《陝西青澗李家崖古城址發掘簡報》，《考古與文物》一九八八年第一期。

96 參見林沄《關於中國早期國家形成的幾個問題》，《吉林大學社會科學學報》一九八六年第七期。

一戶，以平均一家五口計，則總共有人口一九一五六人。新幹牛頭城內城面積二十萬平方米，則城內有居民一二五〇戶，人口六二五〇人，外城面積五〇萬平方米，則有居民三一二五戶，人口一五六二五人。兩個古城郊外還有不少居民點，僅吳城遺址面積就達四萬平方米，遺址所在之清江盆地尚有同時期遺址六十四處[97]，整個吳城文化系統遺址從贛江中游到下游基本延綿不斷，僅據目前調查就有二〇〇餘處，據有的學者統計，若以每一遺址五十人計，各村落人口數超過一萬人，故吳城古國人口數應該在三萬人以上[98]。實際遠不止於此，因為，僅吳城和牛頭城兩個古城人口加起來就有近三點五萬人，加上兩古城附近及整個吳城文化系統諸遺址的萬餘人，則吳城方國境內的居民總數至少應在五萬人左右，遠遠超過商王朝時期周邊各方國二點一萬人的平均值[99]。

二　商品貿易的發展

社會分工的擴大和城邑的形成導致了商品、交換和商人的產生，商業貿易的發展。商代的商業貿易主要集中於城邑和水陸交通要道上的集鎮進行。據文獻記載，中原商代的城邑中都設有「市」、「肆」一類的商貿場所。《帝王世紀》載殷紂王大造宮室

97　參見李玉林等《江西樟樹古遺址的類型》，《考古》一九九二年第四期。

98　參見彭明瀚《吳城文化研究》，文物出版社，二〇〇五年。

99　參見宋鎮豪《夏商人口初探》，《歷史研究》一九九一年第四期。

「七年乃成，……宮中九市，車行酒，馬行炙。」（《太平御覽》八三引），據說姜太公在未輔佐周文王前，曾在朝歌做過賣牛肉的生意，還在孟津渡口賣過酒，即所謂「呂望之鼓刀兮，遭周文而得舉」（《屈原·離騷》）；「師望在肆昌何識，鼓刀揚聲後何喜」（《屈原·天問》），這裡所講呂望、師望均指姜太公。孟津自古以來就是黃河渡口，歷史上就是重要城鎮，可以想見當年商貿活動之盛。

吳城方國境內的商品交換也很活躍，這主要表現在境內的集市貿易和境外的邊貿往來。

首先，從境內的集市貿易來看。吳城和牛頭城古城，它們分別居住著一萬餘居民，其中當然包括一批不勞而食的王侯貴族，尤其是吳城，有近二萬名居民，又是方國的政治、經濟、文化中心，從現有考古資料來看，就已揭露出居住區、製陶區、鑄銅區和祭祀區等，想來城中也應有類似中原殷都「市」或「肆」一樣性質的商品交換場所。作為統治者奴隸主貴族，他們所需要的產品，主要是通過剝削和掠奪方式取得的，即由方國君王直接驅使奴隸們進行的各種產業生產和一些自由民以賦稅的形式向統治者繳交，但城邑內還居住著大量自由民和勞動者，他們以農業生產或某種手工業為業，尤其是大量手工業工匠，從事的某種手工業生產也不是完全為了自用，而是為了交換或出售，又由於他們不從事農業生產，其糧食和農副產品全有賴於將自己製造的手工業產品拿到集市上去交換。以製陶業來說，吳城城區內的製陶區就集中發現窯爐十四座，陶瓷如此批量生產，決不僅僅是滿足城邑內侯王貴族的需要。

吳城和牛頭城城邑郊外的居民，主要從事農耕生產，閒時捕魚狩獵和經營一些家庭副業，但陶瓷製品〔包括收割用的馬鞍形陶刀、陶鐮、捕魚用的陶網墜以及撚線的陶紡輪等生產工具〕、食鹽和小件銅製品等都得依靠在「市」、「肆」的貿易場所通過交換求得，尤其是陶瓷器是普通居民必需的生活用器，而陶瓷器又不是每家每戶都有技術和能力燒製的，只有仰賴於市場；再如食鹽，自古以來就是人類藉以維繫生命生存之物，故對其不僅深為珍惜，甚至把其作為「神」（鹽神）而崇拜，有的學者考證：新幹大墓出土的四足大甗，立耳上的雙鹿，一雌一雄，一陰一陽，都是源於人類對鹽的崇拜，表明生命的維繫和繁衍離不開鹽[100]。江西鹽礦規模大，儲量多，而清江就是當今兩大岩鹽礦床之一，想必商代吳城方國的居民就已經識別和開採，但掌握開採權的自然是方國統治者，而廣大自由民和勞動者只能在市場上購買。

　　至於贛江下游一帶吳城方國境內的居民，他們之間的商品交換活動同樣頻繁，除重要的食鹽和小件青銅鑄品只有到清江盆地和方國的政治、經濟和文化中心的吳城都邑去購買外，其他很可能各居民點之間就可交流。瑞昌銅嶺的礦工常年在礦坑採礦或冶煉，不可能又從事農耕，其糧食和陶瓷等日用品只能依靠市場。銅嶺遺址中出土了很多如銅錛、銅斧、銅鑿和陶鬲、陶罐以及竹

---

100 參見周廣明《新幹青銅器群立鹿造型意義探賾》，《龍虎山崖葬與百越民族文化》，吉林人民出版社，二〇〇一年版，第134-136頁。

筐、木桶、木鏟等生產工具和生活用器，不可能由礦工自己製造，也只有到集市上去購置，以保證礦上採冶業的順利進行。

其次，從境外的商貿往來看。地處南方的吳城方國不僅與中原商殷王朝有密切交往和頻繁的商貿活動，而且與周邊甚至較遠的方國之間也有一定的聯繫和交流。前已述及，中原夏商文化對吳城文化的影響和傳播很早就已開始，但這種交流是雙向的，中原先進的如塊範法鑄銅和琢玉等技藝傳給了吳城，而吳城的幾何印紋硬陶和原始瓷的燒造技術又傳給北方，伴隨著技術、文化的交流，也必然帶來各自特色產品的交換與流動，而其間從事這種商貿活動既有官方的又有民間的，而且民間的商貿往來可能更多更廣。

新幹大墓出土一批精美玉器，據地質專家檢測和鑒定[101]，這批玉器的材料除少部分係就地就近取材外，那種透閃石質軟玉類，如玉管、玉柄形飾、玉笄等，質地細嫩滋潤而透明，色澤柔和光亮而絢麗，應大部分是來自新疆的和田玉或陝西的藍田玉；那件葉臘石材質的側身羽人佩飾，當是取材於浙江青田一帶；而大量的綠松石飾品則應來源於湖北的鄖縣、竹山地區。又據該墓出土的銅器和陶器中，尚有勾卓、長條形刀和瘤襠、聯襠陶鬲等「先周式」器物分析，給我們提供了一個極重要資訊，吳城方國居民很早以來不僅和江漢地區，而且和陝南地區就有著一定商貿

---

101 江西省文物考古所等：《新幹商代大墓》附錄一〇，文物出版社，一九九七年版，第301-307頁。

往來，和田玉料很可能就是通過陝南而間接購得的。[102]這些都有力證明從陝南漢中地區經漢水到大江後進入贛江流域的這條古道很早就已開通，成為溝通東西的商貿交流的重要之路。

三 貨幣

商品交換最早是採取以物換物的實物交換形式進行，也即雙方用直接的產品相互交換，但後來由於社會分工的更趨專業化以及商品數量和種類的增多，商品交換的發展，就勢所必然要出現用一般等價物作媒介來進行交易。這正如馬克思所說：「隨著進入交換過程的商品數量和種類的增多，就越來越需要這種形式（即交換物獨立的價值形式——引者注）。問題和解決問題的手段同時產生。如果不同商品所有者的不同商品在它們的交易中不和同一個第三種商品相交換並作為價值和它相比較，商品所有者拿自己的物品同其他種物品相交換、相比較的交易就絕不會發生。這第三種商品由於成為其他各種商品的等價物，就直接取得一般的或社會的等價形式。」[103]顯然，這「各種商品的等價物」的第三種商品就是貨幣。

中原地區商代廣為流行的貨幣是貝幣即海貝，這不僅有古代典籍記載為據，而且有大量考古物證，如一九六六年山東益都蘇

102 參見彭適凡《新擬和田玉石輸入江南始於商代考》，《中國新疆第二屆和田玉石學術研討會論文集》二○○六年（待刊）。
103 《馬克思恩格斯全集》第二十三卷，人民出版社一九七二年版，第106-107頁。

埠屯商墓中出有海貝三九九〇枚[104]；一九七六年殷墟婦好墓中出土海貝六八八〇枚[105]。就是一般平民墓中也有貝幣的出土，少者一枚，多者數百枚，如一九六九至一九七七年殷墟西區發掘九三九座墓中[106]，就有三三六座墓出土海貝，共出土二四六七枚，可見在中原王都地區貝幣使用範圍之廣，流通面之大。值得注意的是，到商代後期，中原地區還開始出現仿海貝的青銅鑄幣，如一九五三年安陽大司空村商代十四號墓出土一枚、第三一二號墓出土二枚，三枚形制完全相同[107]；一九六九至一九七七年安陽殷墟西區第六二〇號墓出土銅貝二枚[108]等。這種青銅鑄幣，雖然至今尚出土較少，但是它的出現有著深遠的社會意義，正如著名錢幣專家朱活所指出：我國金屬鑄品的開始出現，不是在戰國時期，更不是在秦國首先出現，而是在「商代後期，黃河中游的洹河岸邊的商都首先出現」[109]。有必要指出的是，四川廣漢三星堆古蜀國境也流行貝幣，如一號祭祀坑出土的龍虎尊內盛海貝六十二枚，兩件青銅人像內盛海貝六十二枚；二號祭祀坑的青銅尊和罍

---

104 參見山東省博物館《山東益都蘇埠屯第一號奴隸殉葬墓》，《文物》一九七二年第八期。

105 中國社科院考古研究所：《殷墟婦好墓》，文物出版社，一九八五年。

106 參見中國社科院考古研究所安陽工作隊《1969-1977 年殷墟西區發掘報告》，《考古學報》一九七九年第一期。

107 參見馬得志等《安陽大司空村發掘報告》，《考古學報》一九五五年第九冊。

108 參見中國社科院考古研究所安陽工作隊：《1969-1977 年殷墟西墓葬發掘報告》附表，《考古學報》一九七九年第一期。

109 參見朱活：《商代銅貝》，《古幣新探》，齊魯書社，一九八四年版。

內盛海貝四六○○枚，同出有玉石貝一枚和銅貝四枚[110]。

然而，地處南國的吳城居民並沒有如同四川古蜀國那樣也使用貝幣，考古資料證明他們使用的是一種金屬斧幣，根本不見貝幣。

一九八九年新幹商代大墓出土十七件青銅手斧，均長柄，圓弧刃，扁平體，素面無紋，其中只有標本四○一的雙面刻劃有文字或符號，一面的柄部中間鑄一陽文「⊕」，另一面對應處為陽文「〰」（圖 19）。通長十三點三釐米到十六點六釐米，刃寬四點六釐米到六點二釐米。平均重量三二一克。這批青銅手斧，原報告曾作為手工工具，實應是一種特殊商品即金屬貨幣[111]。其理由如下：

第一，從這批手斧的外形特徵看，十七件手斧，形狀基本一體（圖），只是刃部稍有一點差異，其中十一件的刃部弧度大於一八○度，另有五件的刃部弧度小於半圓，其重量厚薄也相差不大，有的手斧其形體特徵和厚薄重量幾乎完全一致，表明它們是在同一範模中進行批量翻製的。此外，上部無銎不可安柄，扁平的柄部又不宜手握；下部弧形刃部均未曾開鋒，厚鈍不適於切割，更未見使用磨損痕跡，因此，這些外形特徵似不可能作為工具使用。

---

110 四川省文物考古研究所：《三星堆祭祀坑》，文物出版社，一九九九年版，第50、419頁。

111 參見彭適凡等《江西新幹商墓出土一批青銅生產工具》，《農業考古》一九九一年第一期。

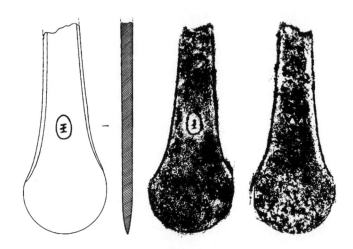

圖19　手斧形銅貨幣及其正反兩面拓本

　　第二，從標本的雙面鑄刻的字元看，「⊕」應是「貝」字之象形。橢圓形的外圈是海貝的輪廓，中豎為其突脊，三橫畫則象兩側齒紋。反面對應處的「〰」符應是用繩將貝穿起成一串之意。商周時期中原地區流行的貝幣，多數在背部飾有小孔以串繩，主要便於計數也方便攜帶，當然，吳城方國的青銅斧既無孔也不便穿，那反面「〰」的真實意義是一串，正、反兩字符合文就是一串貝，那一串貝就是一「朋」。商周甲骨文、金文中常見有賜貝多少「朋」或有賞貝若干「朋」，然後「用作」某器的記載，說明「朋」是貝的計量單位。如：

庚戌□貞，易多汝又貝朋。　　　　《甲骨文合集》11438

……征不死，易賜貝二朋。一月。　　《甲骨文合集》40073

壬申，王賜亞魚貝，用作母癸尊彝。《亞魚鼎銘》[112]

劃賞小子大貝二朋，用作父己尊彝。《續殷文存上》62.1

丙午，王賞戍嗣子貝二十朋，在闌宗，用作父癸寶鼎。《戍嗣子鼎》[113]

　　商晚銅器銘文中還有賞賜一百朋或二百朋的，那無疑是重賞。至於多少枚貝為一朋，歷來說法不一，歸納起來，大體有說二貝的，五貝的，十貝的，甚至二十貝的，但王國維考證，貝五枚為一系，二系為一朋，一朋包括十枚貝[114]。從甲骨文和金文中「朋」字的形體結構像並排的兩系形來看，王說是可信的。如以王說為據，則新幹大洋洲出土的手斧，每件即等同一串貝，也即一朋十枚幣，用它可以作為購買土地、資料和各種生活日用品的支付手段，無疑具有貨幣的職能。

　　第三，從古代文獻記載來看，斧形器在古代確曾作為貨幣使用，如在《易經》中就有這樣的記載：「九四，旅於處，得其資斧」（《周易‧旅卦》）；「上九，巽在床下，喪其資斧」（《周易‧巽卦》），這裡很明顯謂斧為「資」，說明西周時期斧幣仍然是較重要的流動貨幣。再如西周金文中有一「𢧜」字，字出

112　參見中國社科院考古研究所安陽工作隊《安陽殷墟西區一七一三號墓的發掘》，《考古》一九八六年第八期。

113　中國社科院考古研究所：《殷墟發掘報告》（1958-1961），文物出版社，一九八七年。

114　參見王國維《說玨朋》，《觀堂集林》卷上。

「公賀鼎」。器主名「𠂤」，字公賀。「𠂤」字字書所無，然字從貝，必與商貿有關。但它的涵義，歷來未有確釋。據邵鴻考證[115]，此字正可與新幹大洋洲那件手斧的銘刻「⊕」相互發明，「它是父字最為形象的現實體現，說明父字當指斧幣，換句話說，它們可以命名為『父』（斧）；反過來，大洋洲的這批青銅手斧實為斧幣也就得到了又一確切證明。」

第四，從考古資料看，銅斧作為金屬貨幣新幹的也非孤例。早在二十世紀五十年代湖南甯鄉曾出土一件商代晚期青銅瓿，其內就貯藏有青銅小斧二二四件[116]。其大小基本一致，鑄鋒猶在，也未曾有使用的痕跡，且個體較小，故作為生產工具的可能形實小，而作為財富的象徵即金屬貨幣的可能性大。

值得討論的是，中原商代的貝幣，主要是海貝，多是從臺灣、海南和西沙群島等地，甚至從更遠的阿曼灣、南非果阿灣等地而取得，為什麼商王朝要費如此巨大財力、物力到遙遠的南海地區採貝，而南方的吳城方國和甯鄉的古方國距南海更近卻捨貝而改用金屬鑄幣？這想來應和商代北方銅料緊缺而南方銅料較為豐厚有關。

用海貝作貨幣，古今中外民族史上都有過，先是用天然海貝，然後向金屬鑄幣發展，這是貨幣發展變化的一般規律。在商

---

115 參見邵鴻《新幹大洋洲所出商代斧幣考》，《南方文物》一九九五年第二期。

116 參見高至喜《湖南甯鄉黃材發現商代銅器和遺址》，《考古》一九六三年第十二期。

品發展的初期，貨幣形式究竟固定在哪種商品上，馬克思說：「有兩種情況起著決定的作用。貨幣形式或者固定在最重要的外來交換物品上，這些物品事實上是本地產品的交換價值的自然形成的表現形式；或者固定在本地可以讓渡的財產的主要部分如牲畜這種使用物品上。」[117]中原和巴蜀地區之所以選擇海貝作為貨幣，顯然是因為海貝是當時「最重要的外來交換物品」，這即馬克思所指的第一種貨幣形式；而南方贛江和湘江流域選擇的青銅斧幣，則是馬克思所指的第二種貨幣形式。海貝因係交換而來，當然顯得珍貴，加以較為堅硬，不易破損，又大小基本相等，即具有「均質性」，可以隨意分合，這些都符合貨幣的要求，但是，它雖產自異域，其本身並無價值，而青銅則是固態金屬，本身就價值大、體積小、質地均勻，是最理想的鑄幣材料。到晚商時期，中原商王朝雖也開始鑄造少量青銅鑄幣，但終因銅料全要仰賴於南方，有限的銅料又要鑄造大量的禮器和兵器，以滿足「祀與戎」的要求，故貨幣還只能大量延用海貝。而南方吳城方國掌握了瑞昌銅嶺等諸多銅礦採冶權，銅料資源豐富，因此選擇「固定在本地可以讓渡的財產」銅料鑄造金屬貨幣那就很自然的事了。至於其金屬貨幣鑄成手斧形，這可能和石斧類是南方古代先民最常用的一種工具有關。很有可能這一地區在此之前，斧頭曾一度充當一般等價物這一角色，一旦鑄幣產生，人們就自然選

117 《馬克思恩格斯全集》第二十三卷，第 107 頁，人民出版社一九七二年版。

擇大家熟悉的斧頭這一物品的形作為新產生的貨幣的外在形式，與戰國時期的刀幣、布幣分別鑄成生產工具刀、鏟的形體道理相同[118]。

第四節 ▶ 吳城方國居民及民族

　　吳城方國的居民成份及其族屬，長時期以來分歧較大，歸納起來主要有下面幾說：一說是依據吳城遺讓出土刻劃在釉陶紡輪上的「𢑓」符號，推論可能是一種帶鳥的部族，其寓意或許就是「亞雀」的縮寫，進而認為可能就是與殷商王朝有密切關係地處南方的「亞其」和「亞雀」方國或人物[119]；二說認為是百越族的一支幹越[120]或揚越[121]；三說認為是由江漢地區南遷而來的「三苗」[122]；四說認為是夏商時期被迫南遷的夏人支系虎氏和戈氏[123]等。之所以有如此分歧，一是沒有確鑿的文獻記載，二是考古發

118 參見彭明瀚《商代青銅貨幣蠡測》，《南方文物》一九九五年第二期。

119 參見李家和《從吳城遺址看江西的商文化》，《江西師院學報》一九八○年第四期。

120 參見徐心希《試論新幹大洋洲青銅器群的族屬及相關問題》，《南方文物》一九九四年第二期。

121 參見彭適凡：《江西吳城青銅文化的再探討》，《華夏文明》第三輯，中國社會科學出版社，一九九○年版，第305頁。

122 參見商志香+覃《試論吳城遺址及其有關問題》，《文物集刊》第三輯，文物出版社一九八一年版，第147-145頁。

123 參見彭明瀚《商代虎方文化初探》，《中國史研究》一九九五年第三期；《商代贛境戈人考》，《南方文物》一九九六年第四期。

掘資料的局限，目前只能各自依據已有的考古資料作一些初步推論，但這些探索性研究無疑對於問題的最終解決是有裨益的。

據近些年來的研究，並綜合一些學者的意見，我們認為，吳城方國居民的結構大致包括贛江流域的土著居民（或稱原住民），尚有夏代以來被迫不斷由江漢地區南遷的「三苗」，以及商王朝初年迫於商人的追剿而南遷的夏人支系虎氏和戈氏等。但必須指出的是，其主要的居民仍應是原住民，原住民的族屬應是淵源於本土的百越族系的一支揚越先民。

一 三苗、虎氏、戈氏

根據文獻記載和古史傳說，我國上古民族可以分為三個大的族群，三苗則是對上古時期與華夏和東夷並立的一個部落集團的總稱。關於三苗的分布地域和華夏族堯、舜、禹對其不斷的征討過程，在第三、四章都有詳細考證和闡述。

三苗或稱苗蠻集團，如同後來的「百越」一樣，也是種別繁雜。所謂「三」者，表示多也。郭沫若在《中國古代社會研究》中說：「古人數字的觀念以三為多，三為最神秘。」[124]從這個意義上說，所謂「三苗」者，「南蠻」者，實是對當時南方少數民族的泛稱。伴隨著華夏民族堯、舜、禹先後對三苗族群的持續征討，結果是「放驩兜於崇山，以變南蠻；遷三苗於三危，以變西

124 郭沫若：《中國古代社會研究》，人民出版社，一九九七年版，第 23頁。

戎。」（《史記・五帝本紀》）實際上，三苗敗後，一部分被華夏族融合；一部分遷徙至西北與當地羌人融合；更多的是被迫渡江南逃，其中有的可能隨其首領驩兜一道被遷至交、廣之地，有的可能就越過大江進入贛江流域各地，與贛境的新石器時代晚期以來的原始氏族部落先民相融合。到商代吳城方國時期，三苗族早已融合到吳城文化中，成為吳城方國居民的有機組成部分。

虎氏本是甘青高原的古老氏族，後隨黃帝族一道東遷至華北平原，成為黃帝的胞族之一。夏被商湯滅後，虎氏已建立方國，並成為商的屬國，卜辭有「虎氏」（《善寶齋藏片》）、「虎八百」[125]。虎氏還擔任過商的虎侯，「受王命建國畿外，守禦邊疆，名之曰侯」[126]。說明當時虎方與商王朝的關係尚好，而此時虎方的地域，正如丁山所考證，「當在今虎牢、中牟、新鄭三角地帶」[127]。劉節也認為，虎方「當在河洛之南」[128]。但是，後來虎方與商王朝的關係鬧翻了，隨後為商所迫，只好「向東南遷到淮北，即在商邱以南」[129]。以後，由於商對虎方的不斷征討，虎方不得不繼續南遷至今安徽壽縣一帶。[130]有的學者根據湖南出土有虎卣和古文獻中楚地有虎乳小孩的記載，以及贛江與湘江流域青銅器上出現較多虎紋的情況，推定商周時期存在著虎方向長江

---

125 董作賓：《殷墟文字甲編》三〇一七，一九四〇年。
126 吳澤：《中國歷史大系》第三編《殷代社會的政治構造與家族制》。
127 丁山：《殷商氏族方國志.虎氏、虎方》。
128 劉節：《古史存考.周南召南考》。
129 何光嶽：《南蠻源流史》，江西教育出版社，一九八八年版，第23頁。
130 參見劉鴻《盤龍城與商朝的南土》，文物一九七六年第二期。

中游地區移民的問題。[131]彭明瀚更從吳城文化中大量出現虎的裝飾而認定:「商湯滅夏,有一支虎氏追隨夏桀南逃,在贛鄱地區定居下來,與這裡的土著居民一起創造了燦爛的吳城青銅文化」[132]。虎方南遷至贛江流域的時間,是在夏末商初抑或商代中、後期,當然尚可研究,但在吳城青銅文化中,大量的虎形象成了吳城文化青銅器裝飾藝術的母題卻是一點也不誇張,不僅出土有國寶級的伏鳥雙尾虎這樣的神物,作為青銅重器的方鼎和圓腹鼎上,或雙耳上鑄有圓雕臥虎,或腹部鑄有虎首獸面紋,或三扁足鑄成變體虎形,而且,在有的兵器如戈首鑄成虎頭,大鉞上鑄出齜牙咧嘴的虎口,甚至其普通生活用具炭箕的鋬部兩側也鑄上虎紋,等等,虎形象如此高頻率地出現在吳城文化青銅器上,這在全國同時期的青銅器上是罕見的,因此,不排除有一支虎方移民到贛江流域的可能性,只是,從吳城文化中虎形象的開始出現約當鄭州二里岡上層時期,故虎方的南遷時間最早應在商代中期,也正是吳城方國的形成時期。

　　戈氏,本是氐羌集團中的一支,早年從甘青高原遷到黃河中下游一帶定居下來,夏初,成為夏王國的同姓封國。商滅夏後,作為夏遺民的戈國曾臣服於商王國,甚至還有聯姻的情況,說明關係之密切。戈方的最早地望,據《左傳哀公十二年》記載

---

131 參見劉敦願《雲夢澤與商周之際的民族遷徙》,《江漢考古》一九八五年第二期。

132 彭明瀚:《吳城文化研究》,文物出版社,二〇〇六年版,第233頁。

「宋、鄭之間有隙地焉，曰：彌作、頃丘、玉暢、嵒、戈、
錫。⋯⋯宋平元之族自肖奔鄭，鄭人為之城嵒、戈、錫。」鄒衡
推定戈地似乎又更接近於鄭，這也許是戈族的老家。[133]

　　從大量有關戈器銘文青銅器的出土，有力印證了商代確有戈
方國的存在。據鄒衡統計，帶「戈」銘青銅器有一六〇多件，記
明出土地點的僅十九件。近年來，各地不斷有戈器出土，有學者
重新統計僅有明確出土地點的就達四十四件，大部分為商代晚
期，只有少數為西周早期器，且主要分布在四個地區；陝西涇陽
區、河南安陽區、洛陽區
和湖南湘江中下游區[134]。
戈銘銅器在湘江中下游地
區的出土，應是戈人南遷
的實物例證。

　　值得注意的是，贛境
地區至今雖未發現帶「戈」
銘的青銅器，但在吳城文
化的一些陶器或原始瓷
上，卻刻劃出象形文字的
「戈」字（圖 20），一般

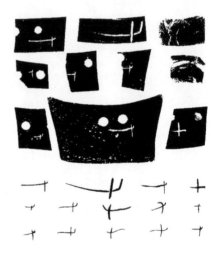

圖 20　陶器上帶「戈」文字拓本及摹叉

133 鄒衡：《夏商考古論文集》，文物出版社，一九八〇年版，第 246、
　　321 頁。
134 陳曉華：《戈器、戈國、戈人》，嶽麓書社一九九九年版，第 191-196
　　頁。

都刻在小口折肩罐、折肩甕或尊的肩部或馬鞍形陶刀上，尚未發現有刻在器底的，其「戈」字形態與銅器上的族徽「戈」銘沒有區別。據彭明瀚統計，贛境地區發現的帶「戈」文陶瓷器共有三十三件。[135]近年來，又不斷有新的發現，據我們初步統計已發現三十七件，其中吳城遺址十件、新幹大洋洲二十三件、陳家墩一件、角山三件。目前全國各地發現有帶「戈」族徽陶器的尚有河北槁城台西遺址一例[136]、河南安陽一例[137]，因此，吳城文化中帶「戈」族徽的陶瓷器如此集中出土，這在全國是獨一無二的。從這些帶「戈」字的陶瓷器來看，時代都為商代，而且主要在商代中、後期，說明中原的戈人，確有一支在商代中期前後越過大江，分別進入湘江中下游和贛江的中下游，與當地土著民族相融合。吳城文化中陶瓷器上的「戈」徽記號，應是戈人參與燒製陶瓷器時民族感情的自然流露，也是古史上戈氏族遷徙至贛江流域的歷史印記。

二　揚越

從現有考古資料證實，贛江—鄱陽湖地區遠從四十萬年前就開始有人類在此開拓、生息、繁衍，此後，歷經新石器時代，當時的土著民族，從廣義來說屬於「苗蠻集團」，但並非三苗，實

---

135 參見彭明瀚《商代贛境戈人考》，《南方文為》一九九六年第四期。

136 河北省文物考古研究所：《槁城台西商代遺址》，文物出版社，一九八五年版，第90-98頁。

137 高明：《古陶文彙編》，中華書局，一九九〇年版。

應屬於南方古越族的範疇。那麼商代吳城方國的主要居民是何種民族？其發達的青銅文化的主要創造者是誰？

「越」民族的歷史悠久。可能就在中原夏王朝開始衰落之際，南方的「越」民族就開始興盛起來。據《逸周書・伊尹朝獻》記載，商湯之時，奴隸出身的伊尹管理四方部族，東方就有漚深等九夷十蠻，「越漚箭發文身，諸令以魚皮之鞞，鯷鰂之醬，鮫盾利劍為獻。」這裏，講的「漚深」、「越漚」都係指古越族而言，說明越族的出現至遲在商代。

商周時期的越族，種別就很繁多，社會習俗與文化特徵也並不完全一致，如據《竹書紀年》載，周成王二十四年（西元前1092年）「於越來賓」。又如《逸周書・王會解》記載周成王二十五年大會諸侯於洛邑時，四方貢獻方物的就有「東越海蛤；歐人蟬（鱔）蛇，蟬蛇順食之美；於越納，姑妹珍；且區（甌）文蜃；共人玄貝；海陽大蟹；自深桂、會稽以鼉，皆西響。」後來有所謂「百越」之稱，實是由來已久。又據《竹書紀年》記載，周穆王「三十七年，伐越，大起九師，東至於九江。」這更具體說明直至西周初期的贛江流域仍是越族的活動區域，說明吳城方國的主要居民（包括瑞昌銅嶺商代銅礦的主人）應是古越民族。那麼，商周時期活躍在贛江流域的古越族究竟屬哪一支呢？我們認為當以揚越為是。

據《呂氏春秋・恃君覽》載：「揚漢之南（高誘注：揚州漢水南），百越之際（高誘注：越有百種）。」但古文獻中，「揚越」的最早出現見於《史記・楚世家》：周夷王時，楚君熊渠甚得江漢間民和，乃興兵伐庸、揚粵（即越——筆者），至於鄂。」

對於「揚越」的地望，歷來就有歧說。歸納起來有以下幾種：

第一，漢水中遊說。羅香林氏稱：「楚人略地，本循漢水順流而南，故先庸，後揚越，後至鄂。揚越界庸鄂之間，則其最早的地望當在漢水流域中部。」又說：「鄂即今武昌，庸在今湖北竹山縣，揚越在庸鄂之間，其地靠漢水中游一帶莫屬。」[138]何光岳支持羅說，並具體指出：「應在今沔陽、潛江一帶。那裡有一條洋水。公安縣東北有洋港，是西周晚期揚越分布之地。」[139]劉美崧認為，應在「今湖北梯歸縣西至川東奉節一帶的長江沿岸，這也就是越章王的分封地。」[140]

第二，揚越即百越說。程思澤稱：「百越又謂之揚越」[141]。蒙文通云：「《楚世家》所謂揚越者，即楚熊渠所封越章王之地，漢為丹陽郡，古屬揚州，本有越人，故稱揚越。」[142]蒙默先生進一步論證說：「古文所謂『揚越』，實與諸書所稱『百越』同義……自會稽至於交趾七八千里，古皆謂之百越，也就是揚越，其地域是相當廣闊的。」並明確指出，「古代揚越的範圍雖然廣闊，然而羅香林氏指為『揚越』的『漢水中游』，確實並不包括

138 羅香林：《中夏系統中之百越》，獨立出版社一九四三年版，第 51、106 頁。

139 何光嶽：《百越源流史》，江西教育出版社，一九九〇年版，第 77 頁。

140 劉美崧：《試論江西古代越族的幾個問題》，見《百越民族史論集》，中國社會科學出版社，一九八二年版。

141 程思澤：《國策地名考》卷十六。

142 蒙文通：《越史叢考》，人民出版社一九八三年版，第 4 頁。

在內」[143]。

第三，揚越即江西豫章說。陶維英著《越南古代史》認為「揚越」即楚熊渠所封越章王之地，而越章王封地是西漢後的豫章郡[144]。

第四，認為「揚越當時棲處於今湖北漢水下游的江漢地區和湖南、江西等地」[145]。

從現有的考古資料並參照有關古文獻分析，上述諸說中，筆者基本支持第四種觀點。也就是說，西周文獻中開始出現的揚越，雖指一定地域即江漢地區的揚越族人，但當時揚越的地望不僅包括江漢地區，而且還包括鄂東南以及湖南和江西的大片地區，其東界大體以鄱陽湖為界，鄱陽湖以南的贛北、贛西北以及贛江西岸都係古揚越族人的分布範圍。

《史記・楚世家》載：「當周夷王之時，楚熊渠甚得江漢間民和，乃興兵伐庸、揚粵，至於鄂。熊渠曰：『我蠻夷也，不與中國之號諡。』乃立其長子康為句亶王，中子紅為鄂王，少子執疵為越章王，皆在江上楚蠻之地。」按，「庸」即庸國，據《左傳・文公十六年》所記及杜預注，其地域在「今上庸縣」，即今湖北竹山縣境。「伐庸」，即向其西南用兵。「鄂」也即鄂國，其

---

143 蒙 ：《揚越地域考》，見《百越民族史論叢》，廣西人民出版社，一九八五年版，第 121 頁。

144 陶維英：《越南古代史》，科學出版社一九五九年中譯本第 378 頁。

145 傅舉有：《關於湖南古代越族的幾個問題》，《百越民族史論集》，中國社會科學出版社，一九八二年版。

地域，歷來主張為今湖北之鄂城和武昌一帶，有的更具體說是大冶縣境之鄂王城。筆者曾考證過此「鄂」國地望，認為決不可能是鄂城或大冶縣之鄂王城，而應在「江上楚蠻之地」的漢水下游一帶去尋找[146]，武昌縣境正與之相合。唐魏王李泰《括地志》云：「武昌縣，鄂王舊都。今鄂王神即熊渠之子也。」此說當可信。「揚粵」（即揚越）既非地名，也非國名，而是指越民族的支系揚越。且這裡稱熊渠所代的「揚越」地望，應該是距楚地較近，介於「庸」、「鄂」之間，即在漢水流域之中游。楚熊渠在對其西南的「庸」用兵之後，又揮兵南下，東進征討與之相近的漢水中游即江漢地區的揚越人，一直進軍到漢水下游的「鄂」地即武昌縣境，這是順理成章的事。熊渠在征服庸、鄂和揚越地後，即先後封長子為句亶王（今江陵），中子為鄂王（鄂國舊地，武昌境），少子為越章王，本即章王，因封在漢水中流的揚越故地，故冠之曰「越章王」。何光岳考證「建都於今安陸縣的章水、章山之間」[147]。

必須指出的是，西周晚期熊渠所討伐的是分布於漢水流域中游一帶的「揚越」，而「揚越」人並不僅僅分布於此，漢水下游的「鄂」地也是揚越的範圍。從鄂東南一贛西北一贛北（鄱陽湖

146 彭適凡：《「吳頭楚尾」地帶銅礦年代及其族屬考》，見《江西先秦考古》，江西高校出版社一九九二年版，第 193 頁。
147 何光嶽：《百越源流史》，江西教育出版社，一九九〇年版，第 85-94 頁。

以南）這一廣闊地區至今發現的考古學文化諸如大冶上羅村[148]、陽新和尚堖[149]、通城堯家林[150]以及九江磨盤墩、神墩[151]等代表性遺址所反映出的文化面貌，既與西周文化不盡一致，與鄂西江漢地區的楚文化也明顯有別，而是一種有著濃厚地區特色的新的文化區系類型。這種非周、非楚的文化區系類型無疑就是揚越文化。也就是說，揚越分布範圍的東界，大體可至都陽湖以南的贛江流域兩岸及其以西地區。同樣，從有關考古資料看[152]，整個西周時期，除湘西部分地區外，湖南的大部分也屬於揚越的分布範圍。

應當提出的是，地處這一地域的大冶銅綠山、陽新港下和瑞昌銅嶺三大古銅礦遺址，不僅始採於商代的銅嶺古礦遺址主人為揚越，就是時屬西周的陽新港下和大冶銅綠山古礦遺址的主人也係揚越。從現已揭露的有關三處遺址的采冶技術來看，從露採到坑採，從採礦的方法、工具以及礦井的通風、排水、照明、提升等，都表現出大體一致性。其差異在於，井巷使用的木支護形式各有特點，大冶銅綠山主要流行榫卯式接頭，而瑞昌銅嶺和陽新

---

148 參見《大冶上羅村遺址試掘簡報》，《江漢考古》一九八三年第四期。

149 參見《陽新縣和尚 遺址調查簡報》，《江漢考古》一九八三年第四期。

150 參見李龍章：《鄂東南崖穴試掘新石器時代遺址》，《江漢考古》一九八二年第一期。

151 參見江西省文物工作隊：《江西九江縣沙河街遺址發掘簡報》，《考古學集刊》第二集，一九八二年；《九江神墩遺址發掘簡報》，《江西歷史文物》一九八七年第二期。

152 參見吳銘生：《從考古發現談湖南古越族的概貌》，《江漢考古》一九八三年第四期。

港下主要盛行卡口式接頭[153]，在採冶方法上的某些局部差異，並不足以否定長江中游帶上的銅綠山——港下——銅嶺三大銅礦遺址文化傳統上的共性。商、西周時期，它們都被牢牢掌握在此一地域的揚越族人手中，成為古揚越人的一個重要經濟支柱，也自然成為中原商周王朝和西方荊楚統治者做夢都想征服掠奪的主要對象。

有的學者主張，周夷王時，楚王熊渠「興兵伐庸、揚越，至於鄂」的「鄂」即今之鄂州，自此長江中游的大冶銅綠山、陽新港下和瑞昌銅嶺等銅礦也必落入楚人之手。實際熊渠時代，楚的征伐「至於鄂」，此「鄂」在今之武昌縣境，即所謂「武昌即鄂」[154]，尚未抵及今大冶銅綠山一帶。一九九三年山西曲沃北趙晉侯墓地發掘的六十四號墓中出土一套八件楚公逆編鐘，其上的銘刻為我們提供了極有意義的實證。銘曰：

「唯八月甲午，楚公逆祀厥先高祖考、夫工、四方首。楚公逆出，求厥用祀四方首，休，多擒。鼄內鄉赤金九萬鈞，楚公逆用自作和爕錫鐘百口。楚公逆其萬年用，保厥大邦，永寶。」[155]

據李學勤先生考釋[156]，「鼄」是人名或族名，前一字見於

<hr>

153 劉詩中編著：《中國先秦銅礦》，江西人民出版社，二〇〇三年版，第102-123頁。
154 王國維：《觀堂集林》卷第十八，《王國維遺書》第三冊，上海古籍書店，一九八三年版。
155 山西省考古研究所等《侯馬—曲村遺址北趙晉侯墓地第四次發掘》，《文物》一九九四年第八期。
156 李學勤《試論楚公逆編鐘》，《文物》一九九五年第二期。

《說文》，今音同「欽」，後一字即《說文》「蚍」字篆文本字，從「蚍」從「蟲」，這裏省去了作為聲符的「比」。筆者認為，此「鱻」不僅是人名，且應是這支越族人（揚越）首領的名字。「內鄉」讀為「納享」，意為進獻。顯然，銘文之意為：八月甲午這一天，楚公逆對祖先、父親以及先世大臣和四方之神，舉行用人首祭祖的慶典。為獲得祭祖四方所需的首級，楚公逆出征，結果多有擒獲，揚越族人首領鱻 只好進貢了九萬鈞銅，楚公逆於是用以鑄造了數百件銅鐘。

楚公逆，孫詒讓早已考定為《史記・楚世家》的熊咢，後王國維、郭沫若都予肯定。熊咢在位九年，即位於周宣王二十九年（西元前 799 年），卒於周宣王三十七年（西元前 791 年），距楚王熊渠已逾六世。從他即位之年算起，距熊渠棄位也已六十年。六十餘年後，楚王熊咢發兵東征，才獲勝利。這裡需要指出，儘管熊咢東討取得了重大勝利，但還只是迫使揚越族人妥協獻銅，並未完全占領其轄地。「鱻」族人雖暫時屈服，進貢了九萬鈞銅，說明一定還有更多的銅控制在自己手裡，還有相當實力與周、楚抗衡。試想，楚王熊咢都尚未完全染指大冶銅綠山一帶銅礦，更何況六十多年前的楚王熊渠？

此外，據《左傳・昭公二十三年》載：「若敖、蚡冒至於武、文，土不過同。」周制「方百里為同」楚王蚡冒（西元前757-西元前741 年），其卒年距熊咢末年五十年，到文王（西元前 689-西元前 677 年）時距熊咢已一百多年，正處於兩周之際，這時的楚國雖自稱「大邦」，卻不過是一個方圓百里的小國，楚王若敖、蚡冒時，還只是「篳路藍縷，以啟山林」（《左

傳‧宣公十二年》）。當時的楚國尚只限於「江上楚蠻之地」，不僅未曾征服今鄱陽湖一贛江流域及洞庭湖區的揚越，就是今鄂東大冶一帶的揚越也未完全征服。

　　所以，商周時期的贛鄱大地上，儘管早在夏代就有「三苗」族人南來，商時期又繼續有中原的虎、戈等氏族的部分移民遷徙至此，他們南來贛境後，帶來夏、商先進的中原文化特別是陶範鑄銅技術，他們與原住民交流融合，共同推進了贛境地區青銅鑄造業的發展，促進了吳城方國的加速形成，但他們並不曾也不可能改變和吞噬掉本地固有的歷史文化傳統，更不可能消滅掉眾多的世世代代在此生息、繁衍的土著的古越先民，也即古越民族的支系揚越人，他們是吳城方國的主要居民，是吳城文化的主體創造者。

江西文庫 A0701A02

江西通史：先秦卷　中冊

主　　編　鍾啟煌
作　　者　彭適凡
責任編輯　楊家瑜

發 行 人　陳滿銘
總 經 理　梁錦興
總 編 輯　陳滿銘
副總編輯　張晏瑞
編 輯 所　萬卷樓圖書股份有限公司
排　　版　菩薩蠻數位文化有限公司
印　　刷　百通科技股份有限公司
封面設計　菩薩蠻數位文化有限公司

出　　版　昌明文化有限公司
桃園市龜山區中原街 32 號
電話 (02)23216565
發　　行　萬卷樓圖書股份有限公司
臺北市羅斯福路二段 41 號 6 樓之 3
電話 (02)23216565
傳真 (02)23218698
電郵 SERVICE@WANJUAN.COM.TW
大陸經銷　廈門外圖臺灣書店有限公司
　　電郵 JKB188@188.COM

ISBN 978-986-496-328-7
2018 年 1 月初版
定價：新臺幣 280 元

如何購買本書：

1. 轉帳購書，請透過以下帳戶
   合作金庫銀行　古亭分行
   戶名：萬卷樓圖書股份有限公司
   帳號：0877717092596
2. 網路購書，請透過萬卷樓網站
   網址　WWW.WANJUAN.COM.TW

大量購書，請直接聯繫我們，將有專人為您
服務。客服：(02)23216565 分機 610

如有缺頁、破損或裝訂錯誤，請寄回更換

版權所有·翻印必究
Copyright©2016 by WanJuanLou Books CO., Ltd.
All Right Reserved　　　　Printed in Taiwan

國家圖書館出版品預行編目資料

江西通史 先秦卷 / 鍾啟煌主編. -- 初版. --
桃園市：昌明文化出版；臺北市：萬卷樓
發行, 2018.01
　冊；　公分
ISBN 978-986-496-328-7 (中冊 ：平裝). --
1.歷史 2.江西省
672.41　　　　　　　　　　　107001856

本著作物經廈門墨客知識產權代理有限公司代理，由江西人民出版社授權萬卷樓圖書
股份有限公司出版、發行中文繁體字版版權。
本書為金門大學華語文學系產學合作成果。　　校對：邱淳榆／華語文學系三年級